思想觀念的帶動者

文化現象的觀察者

本土經驗的整理者

生命故事的關懷者

丹·米爾曼給台灣讀者祝福的話及親筆簽名

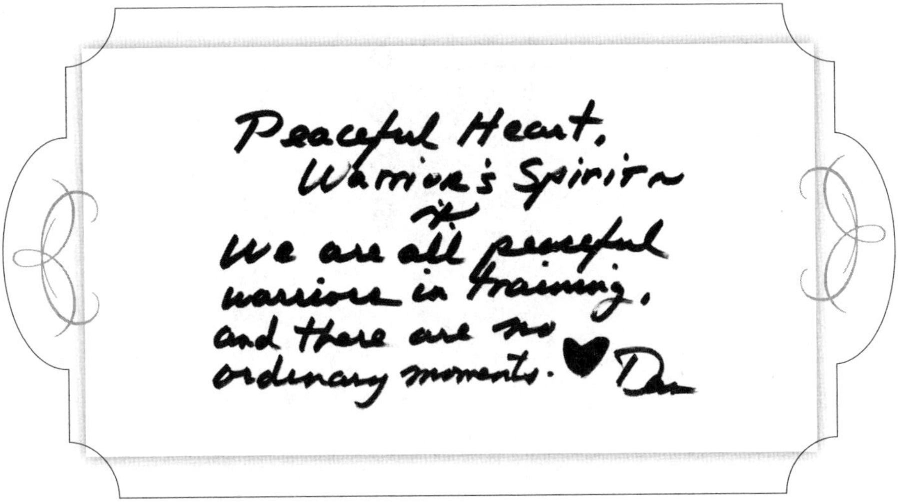

Peaceful Heart, Warrior's Spirit.
We are all peaceful warriors in training, and there are no ordinary moments.

寧靜的心，戰士之魂
我們都是受訓中的寧靜戰士，沒有任何時刻是平凡無奇的。

丹·米爾曼

心靈工坊 PsyGarden

STORY

在奔馳的想像中尋找情感的歸屬
在迷離的經驗中仰望生命的出口
在波動的人性中釐定掙扎的路徑
在卑微的靈魂中趨近深處的起落

隱藏的學校

THE HIDDEN SCHOOL

Return of the Peaceful Warrior

丹・米爾曼／著
DAN MILLMAN

殷麗君／譯

獻給所有努力以寧靜之心和戰士精神生活的人。

同一本書，
每個人讀到的都各有不同。

埃德蒙・威森（Edmund Wilson）

各方推薦

一般學校可以提供我們知識，卻不能教導我們生命的智慧，前者多半是與「共識的現實」相關，寧靜戰士卻發現在生滅的循環中，我們其實是生活在幻象裡。這次他來到我們熟悉的東方，尋求開悟之道，才發現真正的覺知不在實體的學校，而在每一個當下，以及內在自我的發現中。

丹米爾曼極擅於說故事，透過詭譎多變的生命情節，為我們揭示一幕接一幕的生命真相。

——朱全斌（國立台灣藝術大學傳播學院教授兼院長）

《隱藏的學校》做為《深夜加油站遇見蘇格拉底》的續作，試著回答所有追求靈性解脫的人們在探索旅途中必然遇見的共同考驗——如何平衡靈性與現實間的矛盾，面對無可避免的生老病死，將瞬間迸發、靈光閃爍的超凡領悟，安頓至看似牢不可破，日復一日被責任與瑣務窮追不捨的世俗生活。

作者藉由主角的冒險旅程，告訴我們恆定的安寧並非一舉可得，而是在煩惱與疑惑中不斷地考辨、澄清、再確認；只要努力不懈，抱持勇氣與信心跨步向前，無論面臨多少預料之外的挫折、迷茫與阻撓，生命的機會與巧合終在轉角開啟，助探尋者盜回智慧的火種，將偉大與平凡重合為一。

——陳依文（詩人）

一部關於永生祕密的日記。一場追尋生命真理的旅程。從煙塵迷幻的沙漠到紙醉金迷的城市，從自給自足的寧靜農莊到充滿死亡氣息的森林，這場旅程橫跨半個地球的山川與海洋，而原來青鳥就在自家的後院裡，教誨即為當下的日常。過程的本身就是結果。問題的本身就是答案。閱讀這本《隱藏的學校》，彷彿自己也經歷了一場寧靜戰士之旅。

——彭樹君（知名作家）

這理所當然的是本心靈小說，但更是一個冒險故事，帶領讀者穿過各種恐懼、謎題、夢境與幽冥之地。丹．米爾曼再一次以蘇格拉底的學生之姿，探問生命的意義。至於答案何在？別忘了，這可是間隱藏的學校。

——蔡伯鑫（基隆長庚醫院精神科主治醫師）

丹．米爾曼的寧靜戰士傳奇終章，是一篇關於生命、死亡的卓越史詩——是一趟圓滿的獨特心靈冒險。我們何其有幸，與他一起行過這趟難忘的旅程。這部頓悟之作，會讓人在掩卷後之後仍長存於心。

——經典電視影集《功夫》編劇，艾德．施皮爾曼（Ed Spielman）

CONTENTS 目錄

緣起

純粹的事實如塵土般被遺忘，
而故事與夢則是真相的幽靈，
將永續流傳。

——尼爾．蓋曼（NEIL GAIMAN）[1]

如同我在《深夜加油站遇見蘇格拉底》一書中所描述的，一九六六年時，正在唸大學的我遇見了一位我稱之爲蘇格拉底的神祕加油站技工。在共處的時光中，蘇格拉底告訴我，他多年前曾在夏威夷向某位薩滿女祭司學習。他還提過他遺落在沙漠中的一本書，以及位於亞洲某地的一所隱藏的學校，不過所有細節沒多久後就不知不覺隱埋進我記憶的深摺裡了。

後來當我畢業，我的導師用底下這幾話爲我送別：「別再讓人用湯匙餵飯啦，小鬼，該是你從自身經驗裡學習的時候了。」在那之後的幾年裡，我結婚，爲人父，到史丹佛大學擔任體操教練，接著又到歐柏林學院教運動藝術。

距離我晃進蘇格拉底通霄營業的加油站，已經過了八年。表面上看來，我的生活和大學時期明星運動員的生活一樣順利。但我心裡總有一種揮之不去的感覺，彷彿自己錯失了某些重要的東西——我在膚淺的習俗常規中扮家家酒，而真實的生命與我錯身而過。同時，我太太和我決定正式分居。

然後，我得到了一次由大學提供的世界旅行機會，讓我去研究武術和身心訓練方法。這次機會重新喚醒我的記憶，提醒我或許能去尋找多年前蘇格拉底提過的人與地方。我可以將專業研究與個人的追尋結合在一起。

這本書記錄了一次橫跨世界的旅程，緊接著我在夏威夷的歷險（我在《寧靜戰士的神聖旅程》（*Sacred Journey of the Peaceful Warrior*）一書中描述過）之後展開，結束點略早於《深夜加油站遇見蘇格拉底》的結局高潮處。

結束首段在夏威夷的旅程後，我將下一個目標放在日本。沒料到後來有個新發現，改變一切，並且證明了那句話：「每當你想做某件事的時候，總有另一件事必須先完成。」

一切從一個九月下雨的早晨開始……

1 譯註：尼爾．蓋曼是當代英國奇幻作家。

第　一　部

沙漠之書

為了更好的世界，進行非暴力的戰鬥吧，

但別期待那會是容易的事；

你腳下踏過的不會是玫瑰……

往正義與和平的朝聖者必須有所準備，

前方勢必是一片荒漠。

赫爾德・卡馬拉大主教（DOM HÉLDER CÂMARA）

1

我在歐胡島一間汽車旅館裡，破曉的昏暗光線中，雨跡斑斑的窗戶外一陣落葉掃過，吸引了我的目光。陰沉沉的烏雲正符合我的心情，沉浮在天堂與凡世之間，無根可依，在中間地帶擺盪漂流。在摩洛凱島與奇婭嬤嬤共處的日子，瞬間已飛馳而過一個夏天。現在我只剩九個月的留職停薪假，就必須回到工作崗位，重執教鞭。

我只穿一條內褲，踏過鋪著地毯的地板，站定在臥室的鏡子前面，盯著鏡中的自己。**我改變了嗎？**我自問。肌肉發達的身形，來自大學時期多年的體操訓練，加上近來在摩洛凱島的勞動，看起來身材完全沒走樣。曬成健康棕色的臉龐、長下巴和前天剛理的平頭，也和以前沒兩樣。只有那雙從鏡中凝視我的眼眸，似乎有點不同。**未來有一天，我會變得和我的老師父蘇格拉底相像嗎？**

幾天前，我人一剛到歐胡島，就立刻打電話給七歲的女兒，她興奮地告訴我：「爹地，我要和你一樣去旅行了！」她和她媽媽準備到德州去拜訪親戚，在那裡待上幾個月，或者更久。後來我撥她留給我的電話號碼，但是沒有人接聽。所以我坐定下來，在一張風景明信片背面寫下想對她說的隻字片語，中間不時穿插著親吻和擁抱的符號，我強烈地意識到自己不在時她們母女的窘迫。我想念女兒，但這幾個月的遠行並非我輕率做出的決定。我將明信片夾進前幾天買的皮革封面日記本裡，那是我拿來記錄旅行筆記用的。我打算到機場後將明信片寄出去。

現在該是重新收拾行李的時候了。我從衣櫃中拖出飽經風霜的背包，將所有東西全倒在床上：兩件長褲、T恤、內褲、襪子、一件防風夾克、一件爲特殊場合預備的有領運動衫，再加上慢跑鞋，這就是我所有的衣物，簡單到不能再簡單。

我拿起那尊在摩洛凱外海發現的十吋高銅塑武士小雕像——指引我去日本的一個徵兆。等我到那個尋覓已久的終點站後，或許就能洞悉禪藝（Zen arts）和武士道——也就是戰士之道。此外，我還打算去尋找當年蘇格拉底曾經激我去找的隱密學校。我已經預定好飛往日本的機票，出發日就在隔天。我開始打包，將日記、武士雕像塞進背包裡，然後塞進我的衣服，衣服還隱約可聞到夏威夷雨林豐饒紅土的氣味。

幾分鐘後，我發現夾在日記本裡的明信片很可能被我拋在腦後，於是拉開背包拉鍊，試著盡量別動到疊得整整齊齊的衣服，把日記本直接扯出來。可是日記本分毫不動，沮喪之下，我扯得更用力些。正當日記本稍微鬆動時，上面的扣環一定鉤到了背包的內襯，我感覺得出來，而且也聽到布帛撕裂的聲音。我伸手探進背包裡摸索，感覺被扯開的內襯和外層的帆布之間微微有些鼓起。然後我的手摸到了一個東西，抽出來發現是個厚厚的信封，上面有奇婭嬷嬷留的一小段話：

蘇格拉底要我等你準備好時，再把這封信給你。

準備好什麼？我納悶，腦海裡浮現我夏威夷老師的一頭銀髮、開懷的笑容，和她裹著傳統印花洋裝的胖大身軀。我好奇地打開信封，裡面是蘇格拉底寫給我的一封信：

丹，對於年輕人來說，除了時間和洞察力之外別無良藥。當年我們第一次相遇時，我的話對於你而言有如過耳東風。你有心想聽，但還沒準備好能聽進去。我感覺得到你的沮喪，加上你深信自己比同儕更聰明，反而更難聽進我的話。

既然奇婭將這封信交給了你，你現在大概正準備前往東方尋求答案。但如果你以追尋者之姿前去東方，乞求人施予洞察力，得到的只會是瑣碎無用的東西罷了。除非你能為智慧寶庫提供自身的價值，否則還是別去了。我說這些不只是囉嗦嘮叨而已。現在首先你要做的，是先去找到我幾十年前在沙漠遺失的一本日記。

這一定又是蘇格拉底的惡作劇，我心想，一邊想像他的撲克臉，和他眼底一閃而過的光芒。**他不要我去日本，反而要我到沙漠去找一本日記？哪個沙漠？**我忍不住想嘆氣，但繼續往下讀。

我有一種感覺，我在那本日記裡寫的內容，或許能在死亡與重生之間提供一座橋樑，甚至是一道通往永生的入口——那些洞察力正是在此生結束前你所需具備的。我沒辦法確定，畢竟日記的詳細內容和位置都已掩埋在我的記憶之中。

它的起源來由與我個人的歷史緊密相連：我出生在將近一世紀前的俄羅斯，從小就被送進軍校。多年後，在成為寧靜戰士的路途上，我在中亞的帕米爾地區遇見了一群大師：分別是一位禪師、一位蘇菲派苦修者、一位道教徒、一位喀巴拉派[1]大師，和一位基督教修女。他們傳授我一些奧祕的洞察能力和訓練方法，但我花了許多年的時間才得以融會貫通。我在四十多歲時移民到美國，那是第一次世界大戰將近結束的時候。我去上夜校，努力讓自己英文讀、寫、說的能力趕上一般美國人。後來我在建築工地找到工作，接著又去修理汽車，我很有修車的天份。後來我搬到奧克拉荷馬，我女兒在那裡教書，又過了十幾年後，我才再次回到紐約。

七十六歲的某天下午，我路過如今名為格林威治村的街道，在某間熟悉的古書店門口停下腳步，店裡有一股風促使我往裡走。和往常一樣，門上的鈴鐺在我走進門時叮噹作響，然後又像被毛毯悶住一樣，嘎然而止。店裡面充斥著濃濃的霉臭味。我走進狹窄的通道裡，隨手翻開幾本書，書封像是關節炎般嘎崩作響。我通常不會記得，也不會敘述這些細節，但那天晚上發生的事在我記憶裡刻畫下鮮活的印象。

我的目光被坐在小書桌旁的一個老婦人吸引過去，我從未見過年紀這麼大的女人。正當我盯著她看時，她伸手放在一本薄薄的、像是日記本的書上，就是那種束著一圈皮帶的筆記本，上面有個用鑰匙鎖住的扣環。她翻閱著桌上許多書中的一本，然後拿起一支筆，好像打算在上面做標記的樣子。但沒有，她突然轉身，抬頭看我。

她滿是皺紋的臉上，長著一雙年輕得出奇的眼睛，在粗亂的眉毛下晶晶亮亮的，皮膚卻像她手上日記本的皮封面。她可能是拉丁美洲裔、美國原住民，或甚至是亞裔。她的臉彷彿會隨著光線模式的改變，而產生變化。我向她點點頭，轉身準備離開，卻聽到她叫喚我的聲音。讓我大吃一驚的是，她叫的是我孩提時的小名——就和你叫我的是同一個名字。

「蘇格拉底。」

「妳好像認識我，不過我不認得——」

「娜妲，」她回道，「我叫娜妲（Nada）[2]。」

「妳叫空無？」我說。

她微笑，露出僅存的少數幾顆黃牙。

我拚命回憶，想記起我們是在何時、哪裡見過面的，為了爭取時間，我隨口問她在寫什麼。

1 譯註：喀巴拉派（Kabbalah）是猶太教神祕主義。

2 譯註：Nada是西班牙文裡的Nothing，有空無的含意。

她伸手扶住我的手臂，用西班牙腔說：「時間寶貴。我的工作差不多完成了。」她在一張紙片上寫了些東西，遞給我。「明天到這個地址來找我。到時你會知道該做什麼。」她緩緩縮回手，又加了一句：「早點來，門我不鎖。」

隔天早上天才剛濛濛亮，我找到了地址上的公寓。我爬上嘎吱作響的階梯，停在幽暗長廊的底端，輕輕敲門。沒有人回應。她說過門不會鎖。我旋轉門把，走進屋裡。

一開始，我還以為這是間廢棄的小套房──除了一張舊毛毯和幾個靠墊之外，空無一物──大概是某個禪僧或天主教修女的棲身閣樓。然後我聽見輕柔的音樂聲，輕得像是從隔壁房間傳來，或甚至出自我自己的記憶。我看著壁凹裡的燈散發出的光芒，走過敞開的窗邊，感覺到一股淒冷的微風。我發現她就趴在桌前，頭枕著臂彎。她的頭旁邊有一本攤開的本子，是她的日記，還有一把扣環的鑰匙。她枯老的手指間有支滑落的筆，手臂像羊皮紙一樣又冷又乾。留在這裡的只是一具被拋棄的空殼。

我伸出手摸摸她稀薄的頭髮，這時晨光照亮了她的臉，為她的臉灑上一層超然的脫俗光輝。這時，我認出了她。

第一次遇見娜妲，是在我三十五歲的時候。當時她的名字是瑪麗亞──她是來自西班牙的基督教密契主義信徒，是帕米爾地區的那群大師其中之一，也是我的老師。在將近四十年後，她在一間書店裡認出了我，但我卻不記得她，於是她變成了「空無」。她早就知道自己大限將至。書桌上有個信封，裡面包著錢，我猜應該足夠處理她的後事。信封正面潦草地寫著五個字：「火葬。無親屬。」另外還有一組電話號碼。我將她的日記本丟進我的背包，鑰匙揣進口袋裡。我最後回頭凝視她一會兒，無聲地說聲再見之後，離開了公寓，門留著沒鎖。

我回到自己的小公寓，感覺好像剛做了一場夢，可是背包裡日記沉甸甸的重量，證明那是確實發生過的。我用門廳的電話通知了殯儀館之後，拿著那本日記坐了下來，但沒有打開。還不是時候。我不想隨隨便便地看待它，好像什麼廉價小說一樣。雖然我很好奇這位密契主義教派的修女到底寫了些什麼，但我會等到灑完她的骨灰後再來看。

幾天後的黃昏時分，我取回了一樽小骨灰罈，裡面裝著瑪麗亞——現在是「空無」——的所有遺存物。

第二天清晨，我走進中央公園的深處，經過裁判岩後繼續往北漫步，行經一些熟悉的地標和大小湖泊後，終於來到溫室花園，門還是關著的，要幾個小時後才會開放。我翻過圍牆，在常綠植物環繞的仙人掌小花園中，找到一個可以安靜坐下的地方。等東升的旭日照耀在那些沙漠植物上的時候，我將她的骨灰撒下。

靜默了一陣子後，我拿出她的日記本，用鑰匙打開扣環。皮面的日記攤開在一頁空白的頁面上。我翻到下一頁，也是空白的。我翻過整本日記。全是空白。

我先是覺得失望，但想起幾十年前瑪麗亞的幽默作風，不禁啞然失笑了。我很好奇，她對於自己最後留下一本全空白日記這種帶有禪意的舉動，是不是也會微笑以對。

當初她說：「到時你會知道該做什麼。」我還以為她的意思是打電話給殯儀館，安置骨灰之類的事情。她說，她的工作差不多完成了，指的應該是她充實的一生現在已經走到盡頭。

我正準備闔上日記本時，頁面落在了最前面，我發現第一頁上有些潦草的手寫字跡，上面還標註著日期，一九四六年三月十一日——正是她過世的那一晚。我在那頁日記上，發現她在尚存最後一口氣時寫給我的兩段話：首先，是一個我曾經聽過的故事。這一次，我仔細地讀。

> 有位巴格達商人派僕人到市場去。僕人回來時，嚇得發抖。「主人，我到市場後有人推擠我，我回頭一看發現是死神。他朝我做出威脅的手勢，我逃走了。我要向您告假，再求求您借我一匹馬，讓我騎到薩邁拉[3]去，我知道那裡有個地方可以

躲藏。」

主人借他一匹馬，僕人飛也似地逃了。

後來商人在人群中看見死神，於是問他：「你為什麼威脅我的僕人？」

死神回答說：「我沒有威脅你的僕人。我只是很訝異在巴格達看見他，因為今晚我和他在薩邁拉有約。」

考慮到娜妲的年紀，而且顯然已經預知自己死期將至，她會提起這個關於死亡之不可逃避的故事，是可以理解的。但為什麼她會想在自己最後的時刻和我分享這個故事呢？當我讀到頁底的最後兩行字時，答案不言而喻：

親愛的，只有死亡的勸諫能讓你重新活過來。這些空白的頁面留待你來填滿，以你的心的智……

3 譯註：薩邁拉（Samarra）是伊拉克古城。

未寫完的詞語，標誌著她的最後一口氣息，現在我真正了解她話中的意思了。「到時你會知道該做什麼。」這是她最後的要求，也是最後的指導，她交付給我的是一個祝福，同時也是一個重擔。

當我闔起她的日記，拿在手上，感覺就像是將她擁在懷裡，彷彿她的靈魂已經從她的身體飛進了這本日記裡。

2

蘇格拉底該不會是要我到沙漠去尋找一本幾乎完全空白的日記吧！我瞥了鉤破我背包內襯、促使我找到他的信的那本日記一眼，心想，我自己手上就有一本嶄新未寫的了。我的日記和他描述的那本一樣有扣環和鑰匙，而且看起來和我當時煩躁的心境一樣，已有了磨損的痕跡。我深吸一口氣，再繼續進入到他的故事裡。

我「自己的心的智慧」，她是這樣寫的。我的心瞭解了些什麼？我學會了什麼是值得分享的？娜妲要求我用貧乏的經歷來填滿這些空白的頁面，等於是給予我一個日常生活之外的目標，但要達成這個目標在我看來希望渺茫。我能寫出任何有意義的話嗎？我滿心懷疑地如此想。

我坐在仙人掌花園裡，將她的日記放在膝上，甚至想不出要在上面寫些什麼。反而，我心中升起一個念頭：該是改變的時候了。我決定橫跨美國，穿越西南邊的沙漠地帶，到美國西岸去度過我的餘生。等我到加州或奧勒岡州定居下來之後，就會想到該如何下筆了。

接下來的幾天裡，我收拾好公寓，到書店去拜訪過幾次，又在這個城市裡做了最後一次漫步巡禮。但吸引我的地標都是心靈層次的。過往的回憶被一頁頁翻起。這讓我想起了你，丹，以及你在試圖融匯和體現我向你揭露的種種時，勢必曾經面對的挑戰和疑慮。一個人幫助另一個人改善或照亮他的生命，能帶來多大成效，我始終存疑。我從個人親身經驗得知，知識無法消除生命的困境。但深入和遼闊的視野，或許能幫助我們以更佳的韌性和性靈來面對逆境。我現在交付於你的這個任務——找到我遺失的日記本——將測試我們共度的那段時光對你到底有多大助益。

這封信絕對是出自蘇格拉底之手，而且看來很可能是沒幾年之前寫的。當時他顯然還活得好好的，而且仍然維持慣有的敏銳心智。我感覺像是第一次遇見了較年輕時的他。我很好奇，**是什麼觸動他如此自在地分享自己的內在生命？或許這個老傢伙也很想**

念我，像我想念他一樣。

懷抱著這樣的想法，我繼續往下看：

為了幫助你瞭解這本日記能提供什麼，以及我是如何丟失它的，且讓我繼續說回我的故事：我離開紐約市幾天後，來到了丹佛市。之後，我換了好幾趟車，往南朝桑格雷·德克里斯托山脈前行，途經了聖塔菲和新墨西哥市。我在那裡待上幾天後，又搭便車前往阿布奎基，我打算從那裡沿著六十六號公路往西。

從阿布奎基往西約一小時後，我搭的便車在一個印第安小鎮放我下車。司機說沿著路往前有一所學校，於是我朝著那裡走。

等卡車揚起的灰塵落定後，我隱約辨認出地平線處散布著些隆起物，或許是個廢棄的小鎮，也可能是海市蜃樓。我照著卡車司機指的方向走，打算在重新上路前先將水壺裝滿。

我走過一個巨大的花崗岩石和幾株開滿洋紅色小花的小型仙人掌——那些景象現在想來感覺很奇怪。幾分鐘後，我來到一個僅有單間教室的土胚校舍，滿佈塵土的小操場四周環繞著悉心照料的花園，操場上有孩童在嬉戲。

正當我用手動幫浦打水灌進壺裡，一個小女孩走過來向我自我介紹。她自信滿滿地宣稱，她將來有一天要在這間學校教書，這讓我留下了深刻的印象。我提到這個女孩，是因為她可能很重要，因為我往後還會再見到她。她的名字可能是艾瑪。

我回到公路上，搭便車又往前行了一天一夜，一直到隔天晚上。我不確定是在亞利桑那州的莫哈韋沙漠的某處，或已經向北進入了內華達州，寂靜的沙漠讓我想起了娜妲，以及她散落在仙人掌花園中的骨灰。我決定在離公路大約五十公尺遠的地方紮營過夜。

夜間我驚醒，感覺自己身陷某個另類實境，彷彿吃了烏羽玉[1]或某種致幻植物似的，一陣陣靈感湧現，於是我抓起日記本就著月光振筆疾書起來。

在此同時，我的體溫開始升高，整個人處於一種亢奮狀態，意識被推到一邊，深層心靈的果實得以傾瀉而出，澆灌在紙頁上。蜂擁而出的靈感快得讓我抓不住。我不記得自己所寫下的字句是否完整，或甚至是不是合理了。在高燒的控制之下，我只能繼續寫個不停，不知道自己寫了些什麼，也無法意識外在的環境。我的頭突突地震動，感覺暈眩又迷惑。沙漠進入了我的身體，帶進炙燙的高溫，然後是一陣陣冷顫。薩邁拉，我心想，這裡是薩邁拉。

接下來發生的事，只讓我留下夢境般的印象：我記得自己在公路上閒盪……寫……

在河床邊睡了一會……寫……蹣跚跌倒……繼續寫……天黑了又亮……一天過去了，又或者是兩天或三天，記憶閃爍零碎，就像書頁——她的日記本——啪啪地翻過。我記得自己爬下一輛卡車，手裡緊抓著裝有那本日記的背包。我或許曾和一兩個陌生人交談過，談到那本日記，以及我所寫的東西——有關永恆的生命。

不知在什麼時候，我大概是害怕有人會搶走日記本，或擔心自己可能會把它弄丟在沙漠裡，所以找到某個安全的地方把它藏了起來，準備有一天回來拿。我好像爬上了一座山丘。印象裡有黑暗和光。一個隧道。某個高處。除此以外，我什麼都不記得了。

高燒到頂點後，逐漸消退。有時我被黑暗籠罩。其他時候，我感覺清醒，有光在照耀。等我回復神智時，發現自己正跌跌撞撞地走在沙漠的公路上。對，我想應該是在莫哈韋沙漠。不知是亞利桑那州或內華達州，可能在靠近邊界的地方。我沒法確定。我沿路搭上一次便車，然後又換了一輛。我在跌跌撞撞中一定是走到了公路的另一側，因此又往南，向西，回到了阿布奎基。

高燒讓我神智不清，因此我只記得自己是從哪來，忘記本來打算去哪裡了。我不只

1 譯註：烏羽玉（peyote）是一種無刺的球狀仙人掌。

一次聽到自己大聲地喃喃自語，和灼熱眩目的景色中的昆蟲跟動物說話——不知是真實的，還是出自我的想像。在這行走的夢境中，一個當地人出現了。是個拉丁裔的男人吧，我猜。他在我頭上澆了些水。

然後我感覺有塊涼爽的布覆在我額頭上，我看見白色的天花板。我躺在一張乾淨的床上，有個年輕醫生說我差點就要沒命了，還說我現在人在阿布奎基西邊的一間診所還是醫院裡。應該就在我曾停下來取水的學校附近。

我記得自己好一陣子都很虛弱，徘徊在昏迷與清醒之間。我布滿塵土的帆布包連同其他私人物品，放在旁邊的一張椅子上。我後來才發現，那本日記已經不見了。我隱約感覺到是被我自己藏起來了，但藏在哪裡我完全沒有印象。

我離開醫院後，曾經試圖去尋找，想知道自己究竟寫了些什麼。在再次西行的路上，我透過轎車或卡車的車窗，凝視著往後飛逝的沙漠，努力想記起可能的藏匿地點，搜索著所有熟悉的地標，等待靈光乍現，記憶能重新回到我腦海裡。

即使在加州柏克萊安頓下來後，我仍在等待記憶或印象能浮出表面。但我就是沒辦法重現當初的時間和地點。

或許我本來就不應該想起。這封信是我在沙漠那段日子之後，最鉅細靡遺地提到那段往事的一次。我在寫的同時，那些景象又歷歷在目：一個漆黑的地方，一個隧道，一個皮膚曬得黝黑的當地男人，白色的窗簾，一個孩子的聲音。

我知道我提供的線索不多，丹。但別忘記：只要你踏出腳步，路自然出現。

「路自然出現？」我氣急敗壞地說，「拜託，蘇格拉底，總該還有些什麼線索吧？」但如果還有更多線索，他一定會記得，並且和我分享的。

我回想起我們當年相處的時光。當時蘇格拉底罕見地出現心不在焉的時刻，想必是在思索那本日記，以及他曾寫下、卻無法憶起的字句吧？

我該拿這一切怎麼辦？我回想起自己生命的某一個時刻，就在我的摩托車撞上一輛直衝到我面前的凱迪拉克的保險桿，我被撞翻到水泥地上，腿骨撞得粉碎之前的那一刻。我還記得當初心裡浮現的念頭：**這不是眞的**。我現在的感覺跟那時一模一樣。這整件事一點道理都沒有。蘇格拉底不知道自己將日記藏在哪裡，可是他卻希望我去找到它。我繼續看完他信的結尾：

我在那本日記中寫的東西，可能對你有幫助。也說不定，你到時找到的只是一些高燒幻想下的胡言亂語。丹，這趟旅程本身便足以回報了。不過你或許會發現，這個寶藏是值得搜尋的。就讓你的內心之光為你指路吧。

祝旅途順利

蘇格拉底

我將他的信摺好，塞回信封裡，想起上一次我見到他本人的時候。他坐在柏克萊某家醫院的病床上，看起來還不錯，在和死神擦身而過之後，只顯得稍微蒼白一些。這封信應該是他在接下來的幾個星期或幾個月內寫的，然後寄給奇婭嬤嬤保管。

我盯著窗外夏威夷的晨光破曉而出，將綠葉變成閃亮的翡翠，但我的思緒仍被心中的疑問包覆在黑暗中：**蘇格拉底爲什麼要交給我這個任務？這算是入門儀式或測試嗎？——是他傳遞火炬的一種方式？或者是因爲他太老，沒辦法自己去找了？**我們當初剛認識時，他宣稱自己已經九十六歲，現在距離那時已經過了八年。但我仍然能感覺到他的存在，想像他拿抹布擦拭沾滿油汙的雙手的畫面，或者在加油站的辦公室裡切蔬菜準備湯和沙拉當我們兩人的宵夜。

他在信中提到了阿布奎基，以及附近的一所小學和醫院。但莫哈韋沙漠可是橫跨了南加州、亞利桑那州和內華達州。「搜尋範圍不過幾千平方公里而已，」我諷刺地嘟囔著，彷彿他就坐在我面前一樣。「我只需要飛到阿布奎基，循著你的腳步，往西開車到莫哈韋沙漠，然後開始挖挖挖就行了。」

或者，我心想，**我可以按照原訂的計畫，飛往日本**。機票已經買好了，我人差不多已經在路上，距離西南方的沙漠大約有五千公里遠，而且剛好是相反的方向。

我知道自己沒辦法造訪新墨西哥州的每間醫院，把幾十年前的隱私紀錄弄到手。**蘇格拉底要求我做的實在太困難了。我曾經解決過各種難題，但這次是不可能的任務！**我在旅館房間裡來回踱步，再次和空氣對話：「對不起，蘇格拉底，這次沒辦法！我不打算花幾個月的時間扮演沙丘上的唐吉訶德，到西南邊每塊岩石底下搜索。我做不到。也不想做！」

但我沒辦法對他信中的某些話視而不見——他說沒有這本日記，我等於是空手前往日本，「以追尋者之姿，乞求人施予洞察力」，而且，我以往從未拒絕過蘇格拉底。就在這時，我想到我最喜愛的三部曲——《魔戒》，書裡的小佛羅多就是排除萬難，贏得了勝利。**不過那是編出來的故事**，我提醒自己，**這可是現實人生！**

蘇格拉底曾經告訴我：「當機會來敲門時，準備好上路的背包。」我的背包**已經準**

備好了——但那是為了日本之行！所有一切都已安排妥當。萬一我沒發現他的信呢？要是這信一直藏在背包的內襯裡怎麼辦？但我**確實**找到了這封信。我嘆口氣，將信夾進我的空白日記本中，然後塞進背包裡。

我來來回回猶豫著：我**想**去日本。我**不想**去沙漠尋找什麼神祕的書。可是蘇格拉底曾說過：「當你有個好理由需要去做某件事時，做會比不做好。」我**需要**找到這本日記嗎？

我決定先睡一覺再說。但在睡著前，我再次提醒自己，到火奴魯魯機場時——我的出發之地，也是必須做出決定的地方——別忘了寄出給女兒的明信片。

3

我如苦行僧般盤繞不止的心思，一定是趁著夜裡將事情都打點好了。我在清醒的那一剎那，便知道這場硬仗非打不可——這是我該做的，爲了我的老導師，或許也爲了我自己。所以，無論是好是壞，他的信將改變我的計畫，或甚至我生命的方向。我用的開放型旅遊機票，讓我得以取消往日本的航程，改訂到阿布奎基。

我人到當地後，在一家雜牌租車行用優惠方案租了一輛老福特——押金付現，無道路救援服務，車爛到不還也無所謂。然後我找到一間軍用剩餘物資二手商店，用我磨損的運動鞋換了一雙健走靴。還買了一個旅行袋、一個水壺、一頂寬邊帽、一副指南針、一把摺疊刀、一支手電筒、一個輕便睡袋，外加一組摺疊的小十字鎬和鐵鍬、防曬乳，以及可稍微提昇我的信心的沙漠求生書一本。我將買好的東西塞進旅行袋裡，丟在副駕駛座上。在下午未散的餘熱中，我躲進附近一家汽車旅館。

就這樣，在一九七四年九月，二十八歲的我在酷熱的阿布奎基，穿梭在舊城區的街道上，尋找有可能記得三十年前附近的診所或醫院的當地人。想到蘇格拉底在信中提過他曾遇見一個小女孩，我拜訪了幾家天然食品商店和另類書店，詢問店主是否認識叫艾瑪的人，現在年紀應該是三十多歲，可能是位小學老師。在我的期待裡，曾經對蘇格拉底產生興趣的人，或許也會被這樣的地方所吸引。我還問他們，是否有人記得一個叫蘇格拉底的男人曾在幾十年前路過這個小鎮。除此之外，我也沒有其他線索了。

店員們都不認識當地任何叫艾瑪的老師，也沒聽說過有人叫蘇格拉底的（除了古希臘那位學者之外）。所有線索到此一一斷線，毫無進展。我在心裡與這位虛無飄渺的艾瑪說話，探進那個所有人互通相連之處，隔著時間與空間向她呼喊：**妳在哪裡？**

那天下午稍晚，我去到一家小唱片行，一位穿著時髦的老太太無意間聽見我的詢問，她說：「不好意思，但你確定她的名字是艾瑪嗎？我曾經遇過一位名叫阿瑪的女人，她是鎮外一所小學的老師。」

我在小鎮的西邊找到了這間小學，門上用膠帶黏著一張告示：暑假關閉中。我敲門，有位接待人員出來應門。她告訴我：「是有位名叫阿瑪的女士曾在這裡教過一學期書，但她離開了。我猜她應該是在西邊的某一所印第安學校找到了教職，就在六十六號公路旁。」

我謝過她，才剛轉身離開，她已經接起辦公桌上的電話。**忙碌的女士**，我心想。

我一定是轉錯了方向，因爲後來我發現自己又回到曾經經過的一間土胚屋。走近門口的時候，我看見一塊手繪的招牌，上面寫著：**紀念品**。急就章搭建的屋簷底下掛著印第安織毯，提供了遮蔭，下方擺著各式各樣的陶器和沙漠手工藝品。我看見有個大箱子裡擺著成堆的琥珀塊，每塊裡面都凍結著一隻蠍子或其他倒楣的生物。我迅速瞥了一眼其他標本，發現有狒蛛、狼蛛和致命的遁蛛，忍不住打個冷顫。每隻昆蟲或爬蟲類旁都有標籤：**樹皮蠍、鞭蠍、蜈蚣**。旁邊一個架子上，鎮守著一隻鈍尾毒蜥的填充玩偶。另外還有個箱子，裡面是保存完整的菱背響尾蛇、角響尾蛇和一隻特有種的毒蛇，莫哈韋綠響尾蛇——看著這些沙漠動物，讓我再次懷疑自己到底在這裡幹嘛。

我身後一個聲音響起，嚇了我一跳。「你好。需要什麼嗎？」那是蘇格拉底的聲音，但等我轉身，看到的卻是一個截然不同的老人，有著印第安或墨西哥血統的古銅色肌膚。他坐在他的寶物當中，隔著滿是塵土的空氣看過來，手裡正忙著將珠子縫在一條彩色織毯的邊緣。他看起來就像沙漠一樣乾枯，讓我聯想起蘇格拉底在信中描述的老修女。

「呃，對……這個嘛，我在找一個名叫阿瑪的女人。應該是位老師。」

老人一臉茫然的樣子，只是用手指緩慢、優雅地拾起一顆珠子。

我努力回想高中時學過的西班牙語，結結巴巴地問：「先生，你知道……呃，哪裡……一間小學校……和一位女士，呃……名字叫阿瑪？」

他眼睛亮起來，坐直了身體。「啊，阿瑪女士。知道啊，一個非常強壯的女士，很漂亮。」

那他一定認識她，我心想，這奇異的巧合讓我難以置信地搖了搖頭。希望的曙光。

「在哪裡……？」我的舌頭打結了。

「兄弟，」他打斷我，「你說西班牙語，和我多年前在河裡溺水的叔叔的泳技一樣爛，所以我們還是說英語好了。」

「呃，好，」我回他一個笑臉。「這樣可就簡單多了。」我伸出手，想和他握手，並且自我介紹。

他沒有伸手，只是說：「我起先以爲你是希臘人。」

「爲什麼？」

「聽到你說話，我想起一個希臘名字。」

「什麼名字？」

他停了好一會才回答說：「你喜歡猜謎嗎？我本身很喜歡，我曾經問過也解過很多謎語，所以現在我把這個問題還給你。說一個你想到的希臘名字，我就告訴你我想到的是哪個名字。」

我抬頭，看進小屋裡面，透過底端的一扇窗戶往外看：阿布奎基的郊區就在大約半公里外，被沙漠的塵霧渲染得有些模糊。我是不小心撞進了什麼奇幻世界了嗎？「好吧，柏拉圖是個不錯的希臘名字。」

「一位優秀的老師。」他回道，目光仍然定在遠方的沙漠。「不過要想瞭解一位老師，你必須知道老師的老師是誰。」

這位缺了幾顆牙但英語仍完美流暢的印地安老人，是在耍我呢。他很清楚柏拉圖的老師是誰，他也知道我曉得。「柏拉圖的老師是蘇格拉底。」我說。

「有些人叫我喬爸，但既然你解出了這個希臘謎語，你可以叫我大爺，我就叫你nieto吧——也就是孫兒。」他的目光焦點落在我身後，朝著我約略的方位伸出了手。

在握住他的手之前，我用手在他眼前晃動了一下，解開了另一個謎。「是啊，」他說，「Ciego como un murciélago, listo como un zorro.」說完又自己翻譯：「瞎得像隻蝙蝠，聰明得像隻狐狸。」他眨眨一隻看不見的眼睛，又說：「許多看得見的人還是瞎的。我沒有視力，但我看得見很多東西。」

「你看到什麼？」我問。

「我能看透謎團誕生的所在。」

「你在那裡發現什麼？」

「這是一個有待你去解開的謎。但我要告訴你的是：我很小時視力就逃走了，轉而向內發展，並且從那時起便不斷增強。那你的視力呢，孫兒？你有眼睛去發現你要找的東西嗎？」

感覺越來越古怪了，即使對我來說也是如此。我們只不過是陌生人。我只是想向他打聽一個女人而已。

「好吧，喬爸——大爺，我們何不把牌攤在桌上說話呢？」

「你喜歡玩撲克牌？」他語帶諷刺地問。

「我說的不是打牌，是關於生命。」

「兩者不是一樣的嗎？」他用《功夫》影集裡盲眼大師的語氣問。

失去耐性的我，直截了當地問他：「你認識蘇格拉底，對不對？你可以幫我找到那個叫阿瑪的女人嗎？」

「爲什麼？你爲什麼要找這個女人？」他邊問，手裡又忙起串珠子的活。

「我想你知道。」

他沒有作聲，因此我繼續說：「她可能曾經見過我朋友，我的導師。我希望她能幫我找到……某件東西。」

「啊，找一件**東西**。」他露出一副原來如此的表情。「嗯，這可能有困難。沙漠裡的**東西**太多了。」

「你怎麼知道是在沙漠裡？」我問他。

「我看不見，但我能看到。你懂我的意思吧？」

「你眞的很喜歡猜謎，是吧？」

「不是嗎？」他笑著回答，咧嘴露出牙齒的空缺。

「大爺，拜託，我知道你覺得這樣很好玩，但我必須和這個叫阿瑪的女人說話，然

「我欣賞你的熱情，」他打斷我，「你有完成任務的使命感。我只有幽默感。在活

了九十幾年之後，我年輕時在乎的那些——別人的看法、尋找眞愛、功成名就——我現在已經不在乎了。對我來說，好玩才是重點。所以我對……**某件東西**，實在不太清楚啊。」他說著串上最後一顆珠子，將線頭打結。

完成手頭的工作後，喬爸說：「關於這個女人，阿瑪，我或許有些事可以告訴你。」

「這個忙可幫大了——」

「但首先，我要出一道謎語。」

「現在眞的不是玩遊戲的時候，大爺。」

「人生就是遊戲，」他說，「現在不玩待何時。你要是沒時間玩遊戲，就沒時間過生活。你有另一個謎要解，那就再多解一個滿足一下一個老人吧。如果你做到了，或許我可以幫助你找到那個女人。」他邊說，邊又把手上的結拆開，將珠子從線上拉出來。

「如果我**承諾**找到之後立刻回來呢？」

「啊，但我們不知道你會找到什麼，也不確定你會不會回來，而且說不定這期間我的靈魂就要飛走啦。」

「我瞭解。但你能瞭解我現在急迫的感覺嗎？」

「你有感覺是好事啊，孫兒。這樣你才知道自己是活著的，你有在乎的事。但不能讓感覺領著你我的生命跑。我已經不在乎這世上種種戲劇化的事情。我看過太多了，以各種形式展現的。現在我只等著死期到來，到時它們就會再次出現在我眼前，就和我在夢中見過的一樣。」

「你相信會有這種事嗎？」

「也許不會，但誰知道呢？等死的同時，每個新的一天，都帶來一次新的學習機會，或用來達成一個小的目標。或許我可以幫忙達成你的目標喔。」

我看著那些珠子，現在全都散在那條光溜溜的線四周了。

「好吧，」我放棄了，我說：「告訴我你的謎題吧。」

「來囉，」他說著身體往前傾。「什麼比上帝偉大，又比魔鬼可怕？富人想要它，窮人擁有它，如果你吃它，就會死。」

「什麼？」我問。

喬爸又重複一遍他的謎題。

「我……我真的不知道。」我回答。

「你本來就不應該知道，所以才叫謎題啊。」他說。

我反覆思考：**比上帝偉大。但又比魔鬼可怕。這是文字遊戲嗎？**「水？」我說，「是水嗎，大爺？甘地曾經說過：『對一個快餓死的人來說，上帝是麵包。』所以對沙漠裡的人來說，水似乎比上帝還偉大。或者對於快溺死的人來說，水就比魔鬼還可怕。」

「挺有道理的，」他說，「但不是。」他繼續串著手上的珠子。

「那，我猜是——」

「別用猜的！」他說，「等你知道再說。」

因爲浪費時間而深感挫折的我，在心裡反覆思索著謎題，努力地專注，從各種不同角度去思考。什麼都想不到。同時間裡，喬爸一顆接一顆地將珠子穿到線上，直到線又串滿。「我放棄，」我說，「總之，我沒辦法繼續耗時間在這裡——」

「你的時間用完之前，要多少有多少。」他說。

「好，」我斬釘截鐵地說，「我裡裡外外，反反覆覆，全都思索過了，結果還是什**麼都沒有**（Nothing）。」

「答對了！」他說，同時把剛繫好的結又拆開。「你比看起來聰明嘛。」他用諷刺的語氣又補充一句：「正確答案就是什麼都沒有——**娜妲**。」

我愣了好一會才想通。「眞的！沒有什麼比上帝偉大，沒有什麼比魔鬼可怕；富人什麼都不想要，窮人什麼都沒有；如果你什麼都沒吃，你就會死。」

喬爸眞的是比狐狸還精。因爲這個謎題可能還有另一層含意，所以我不得不問出口：「大爺，你見過一個叫娜妲的女人嗎？」

他歪著頭，像是在聆聽某個來自自己過往的聲音，一臉的笑意。「我認識很多女人，有好多不同的名字。」

我等待著，他沉默了好一陣——這期間我只能默默想像他正一一回憶著這些女人——最後終於給了我一些詳細的指引。

4

我在酷熱中，遵循著喬爸給的指示尋找，一小時後又回到了他的紀念品店。

「我不懂，」我擦掉額頭上的汗說，「我完全按照你說的走，結果又繞回原點了！」

「這當然，」他將臉轉向我的方向，解釋說：「除非我確定你有辦法按照我的指示走，否則我可不想浪費時間告訴你怎麼找那所學校。」說到這裡，他爆出一陣大笑，險險從椅子上跌下來。等他回復平靜後，又說：「就像我剛說過的，孫兒——我只剩幽默感了。」

我緩緩深吸了一口氣。「既然我已經示範了自己的導航能力，那你現在願意指引我，阿瑪可能執教的那所學校在哪嗎？」

「沒問題，」他伸手指向西方，說：「從這條路一直往下開。在阿科瑪部落附近轉進去。尋找有孩子們笑鬧的地方，就會找到阿瑪。」

「謝謝你。」我逐漸冷靜下來。「我很期待看見玩鬧的孩子。我自己也有小孩——一個小女孩。」

聽到我這麼說，他臉色一亮。「等等！」他從椅子上站起來，走進店裡。再出現時，他手裡拿著一個塗得紅紅綠綠的仿皮印第安傳統卡其納娃娃。「給小女孩的。」他說，「我叫她『站立的女人』，好好照顧她。這一種卡其納娃娃可以在你需要時幫助你。」

「再次感謝你，大爺。」我說著將娃娃塞進背包的側袋裡。

他重新坐回椅子上，只揮揮手說聲「沒什麼」打發了我的感謝。

「或許我會再見到你。」

「有可能，不過我應該看不見你。」他說完，照例又被自己的機智逗得樂呵呵的。

喬爸和他的店迅速縮小，消失在後照鏡中。就算他認識那位老智者娜妲，也不會說出來的。但我終於知道哪裡或許能找到那個叫阿瑪的女人了。

離開高速公路，車子沿著一條滿是塵土的路顛簸前行，我在心裡默默提醒自己，要再買一張明信片寄給女兒。但要怎麼跟她解釋為什麼我人會在西南部呢？我連對自己都解釋不清楚了。

幾分鐘後，我瞄到一塊手寫的指標牌，上面寫著阿科瑪部落。牌子底端有一行小一點的字，寫著：小學。

我將車停在滿是塵土的操場邊緣，然後下車往門口走。有幾個小孩一路盯著我看，滿臉笑意地竊竊私語。他們的老師正站在一張舊書桌邊，桌上有塊手寫的名牌：「阿瑪．夏維茲」。這位戴著眼鏡、表情嚴肅的老師，看起來比我預期的要年輕，她嚴厲地說：「眼睛看前面！」她向我微微點個頭，就轉身繼續在一塊舊黑板上寫字，邊寫粉筆邊發出刺耳的嘎吱聲。同時，有好幾個孩子——我猜是一年級和二年級的——轉頭看我，儼然把我當成他們取樂的共謀了。

等放學後，我還來不及和那老師說上話，一個小女孩朝我跑來。我猜，她應該七歲吧，和我女兒一樣年紀。她的馬尾頂端裝飾著一個鮮黃色的蝴蝶結，讓我想起過往的一件糗事，有次我暗中監視蘇格拉底卻打瞌睡，他在我頭髮上綁的就是類似的蝴蝶結。

小女孩的聲音將我帶回現實。「我的名字叫波妮塔，是西班牙文漂亮的意思，我很漂亮對不對？」她一字不頓地說，然後大大喘了一口氣，又說：「波妮塔在霍皮語裡沒有任何意思，不過沒關係因爲我不是霍皮人，我是半霍皮半墨西哥人。我最好的朋友莎曼琪今天惹我生氣，因爲她說就算我叫波妮塔也只能算一半漂亮，因爲我有一半是霍皮人。那你叫什麼名字？」她用小淑女的姿勢，向我慢慢伸出一隻手。

「我叫做丹，對啊，妳非常波妮塔，非常漂亮。」我邊說邊優雅地牽起她的手，並深吸一口氣，這讓她咯咯笑起來，縮回手摀住了嘴巴。「你們叫老師阿瑪，還是夏維茲小姐？」我指指正在擦黑板的女人問道。

那老師向我們走來，波妮塔也學我用耳語說話：「她只是助教，夏維茲小姐馬上就回來，因爲我聽說她出去辦事了。我猜等下會辦一場驚喜派對，可是其實一點也不驚喜。」她說完又喘一口氣。「你知道嗎今天是我生日而且布蘭卡也和我同一天喔？」

「我不知道。我有好多事都不知道。」

「你一定會喜歡夏維茲小姐，她什麼都懂。」波妮塔堅定地說。

大概一小時後，正當我把腿踢到空中，靠著教師辦公桌倒立時，看見一個頭腳顚倒的女人，提著兩袋購物袋走進房間裡。即使上下顚倒，還是看得出來她很迷人。更重要的是，她是眞實存在的——而且就在這裡！我趕忙落地站好，感覺自己好像惡作劇被當場逮到的學生，我開口介紹了自己的名字，順便想自我辯解一下。

她揮揮手打斷我說：「波妮塔說你在找我。等我一邊準備派對裝飾，你再一邊解釋剛剛你那馬戲團動作是怎麼回事吧。」

「我聽說這是雙人生日派對。」

「波妮塔逢人就說。」她說，「八成是未來的電視節目主持人，或第一夫人。」

「已經是個第一夫人了。」我說著伸出手想接過她手中的一個袋子。她猶豫了，她的身體語言傳達出很清楚的訊息：手拿開，陌生人。但她隨即改變了心意，將一個袋子遞給我，然後逕自朝有個小洗手臺的凹壁走去。

我將袋子放在檯面上，然後開口說：「夏維茲小姐，我希望妳或許能幫助我，找到我一直在尋找的某樣東西。」

「你可以說得再明確一點嗎？」

「需要我圖解分析句子嗎？」

她轉身從袋子裡拿出一個蛋糕和一些派對裝飾，我隱約在她臉上看到淡淡的笑意。

「對不起，米爾曼先生，」她說，「我當老師習慣了，都忘記該怎麼和來幫忙準備孩子們派對的驚喜嘉賓說話了。」

她說的有道理，所以我決定直接說重點。我一邊將藍色和橘色的皺紋紙用膠帶黏在牆壁上，一邊說：「我有位導師，他的名字來自一位古希臘人……」

我感覺她正盯著我的後腦勺看。很好，我引起她的注意了。然後我告訴她那封信的事情，以及我在舊城區四處探聽和遇見喬爸的過程。「他要我叫他大爺，因爲——」

「因爲他比沙漠的塵土還老。」她接過話，幫我把句子說完。「我認識他。而且我可能曾經遇見過你那位導師。」她轉過身，直直地和我對視，這時我才注意到，她的雙眼一眼是藍色的，一眼是棕色的——搭在她身上很適合。「我想看看那封信，」她說，「蘇格拉底寫的那封信。」

5

阿瑪看出我的爲難，又說：「我不用眞的讀，我只是要看一眼。」

我伸手從背包裡拿出那封信，小心地展開，讓她看第一頁，再看最後一頁。她嘆了口氣。我不得不說，聲音聽起來眞的很可愛，因此我忍不住問：「妳和妳先生就住在附近嗎？」

她會意地看著我。「我沒有結婚。但我的確有個朋友，潛狼喬。」

「妳有個朋友叫潛狼喬？」

「很好的朋友，他是保留區警察。」

我的幻想只能到此爲止了，我心想。潛狼喬……我迅速地打斷思緒，重新把焦點放回眼前的事。

「在這封信裡，蘇格拉底特別描述了他在某間小學裡遇見的一個聰明小女孩。」

「我是個怪小孩，」她露出微笑。「至少我爸爸是這麼說的。我不只在學校遇見過蘇格拉底，也在一間小醫院裡——算是一間診所兼醫務站——看過他，當時他發過高燒，正在慢慢恢復。」

「可是妳怎麼會在那裡？」

「我父親是位家庭醫生。他服役時曾擔任軍醫，之後就在醫院工作，先是在一間靠近聖塔菲的醫院，然後是離這裡只有幾公里遠的一間診所。總之，當初是喬爸偶然間碰到蘇格拉底，然後帶他到診所去的。」

「喬爸根本沒告訴我……妳怎麼會記得這一切呢？」

「蘇格拉底總是有辦法讓人留下深刻印象，即使對一個六歲的小女孩來說也是如此。他握住我的手告訴我，我有一種能量，一種治癒人的天賦。」她說，「他有一個破破爛爛、像流浪漢一樣的舊帆布背包，我記得一直放在醫院的椅子上。他在睡夢中一直含含糊糊地提到那個背包，還有一本書或日記什麼的。我父親覺得他只是發高燒胡言亂語罷了，我還每天一下課就跑到醫務站去等。很奇怪，」她說，「在你出現之前，我已經很久不曾想起這些事了。」

「喬爸有可能去過醫務站探視蘇格拉底嗎?」我問。

「我有模糊的印象,記得看過他們兩人在一起。他也許只是順道去查看一下自己送過去的男人狀況如何。他們兩人似乎是朋友關係,就這樣了。」

接下來的沉默中,我繼續布置的任務,阿瑪則準備蛋糕和餐巾。「你可以當我們派對的特別嘉賓。」她說,而且這次是認眞的。「麻煩你把孩子們叫進來參加派對好嗎?」

我走到門外,看見好幾個男孩正爬在一棵大橡樹較低的叉枝上,上面有個簡陋的樹屋。還有其他幾個孩子在成排的鞦韆那裡玩。同時,波妮塔和另外兩個女孩正在看一個小男孩試圖做側手翻。我走到他旁邊示範正確的方法,結果其他孩子們一下子全圍了過來。就這樣,我就著下午的烈日,在老橡樹旁的狹窄草坪上,爲他們示範怎麼做側手翻。

幾分鐘後,我聽見阿瑪的聲音。「好了,所有人!」她大叫道,「有蛋糕和冰——」孩子們衝過我身邊,朝他們的老師奔去。

「我想是蛋糕贏了。」我跟著她回教室的路上,她這麼說。

派對結束後,波妮塔和其他孩子們都回家了,阿瑪和我到教室外,坐在懸吊在樹枝上的雙人座鞦韆椅上。

「多功能橡樹。」我伸手指指上面的枝枒。

「那是孩子們的第二個教室，」她說，「喬幫忙修的。學校的經費預算不夠蓋樹屋和重新搭建這個鞦韆椅。」接著大笑說：「你真好心願意教孩子們側手翻，他們會記得你的。」她溫柔的聲音是在對我說，你已經被列入我的優先名單了，我不介意你吻我（至少，在我過分活躍的想像力中是如此）。

「所以潛狼喬是從哪裡學——」

同時間她也開口問：「蘇格拉底怎麼會當你的導師呢？」

對於她改換話題，我只能聳聳肩接受。「算是幸運的命運轉折吧，我想。我很高興妳也遇見了他，比我早了好多年。」

「我們只說過幾句話，」她說，「而且大部分時候他都是神智不清的。」

「那他倒是沒啥改變嘛。」我開玩笑說。

她對我嘗試展現風趣的企圖沒有反應。「你知道，他告訴了我一些話，改變我看世界的方式。我眞想多認識他一些。」

於是，在傍晚涼爽的微風中，在輕輕晃動的鞦韆椅上，我和她分享了我早些年與蘇格拉底相處時一些難忘的事蹟。她的好奇心在我心中埋下了一粒種籽：或許有一天——當我終於瞭解自己學到的是什麼的時候——我會寫下與蘇格拉底相處的時光，以及我所學到的一切。**我會從何下筆呢**？

我站起身來，拿出背包中蘇格拉底的信，然後坐回鞦韆椅上，將信遞給她。「拿去看吧，我想他會同意的。」

阿瑪一頁頁往下讀，我往後靠在舊鞦韆椅上。這是我離開夏威夷後，第一次感覺到完全的放鬆。

正當阿瑪看完信時，北方的天空上出現一顆星星。她抬頭看，眼睛睜得大大的。「一直到現在，我都還不知道那本日記是不是真的存在。他提過這本日記，但聽起來又像是做夢時說的話。」

「蘇格拉底有沒有提過他可能把日記藏在哪裡？任何信裡沒提到的線索？」

她望向越變越暗的地平線，彷彿可以從那裡找到答案。突然她轉過頭看我，站了起來。「抱歉，丹！可惜我沒有更多東西可以告訴你了。你能來訪我很開心，我沒什麼可以聊這些事的朋友。」

「除了潛狼喬之外。」我說。

她微笑著說：「對，這些我可以和喬聊。」

黃昏降臨。學校也放學了。我們握手，然後短暫、尷尬地擁抱了一下。「嗯，」她說，「我有些課程要準備……」

我也有自己的準備工作得做——是由我自己的老師所交代的作業。

6

我往外，走進逐漸變暗的沙漠灌木叢。從阿瑪教室透出的燈光，揭露出一片貧旱的景致，在半月的照耀之下微微發亮。我聽見遠處貓頭鷹的呼呼聲，還有身邊一隻蜥蜴疾走的聲響以及蟋蟀的唧唧叫聲，在無風的空氣中顯得分外刺耳。獨自身處野外，我感覺到疑慮的陰影和天色一樣越來越深，頸背的寒毛豎了起來。我轉身看到一個人影從暗處慢慢走來，等他走近時，我忍不住笑開來。

「大爺！」看見他笑得咧開缺牙的嘴，我大喊：「你在這裡做——？」

「安靜！」他說著將食指壓在嘴唇上。「你要把沙漠吵醒嗎？」

「本來就是醒著的。」

「像你這樣粗手粗腳走來走去，當然會吵醒！我還以爲有一群不良少年來搗蛋呢。」他說著比出一個誇張的武術架勢。然後，喬爸比剛才更嚴肅地再次將食指壓在嘴唇上。「或許會有其他生物，你不會想吸引牠們注意的。」

我原本只把他搞笑的舉動當成是天生戲劇化的表現，但接下來他手一揮，低聲說：

「萬一有另外一個人也在尋找**某件東西**怎麼辦？」

雖然是溫暖的夜晚，我仍然感覺頸背一陣寒意。我環顧四周，只看見山艾叢和幽暗的地平線。**這又是謎題嗎？**我心裡琢磨著。**他知道些什麼？**

「就算眞的有這樣一個人，你覺得他會是精神錯亂或危險人物？」

「也許吧，」喬爸回道，「但我已經不怕死了，孫兒——我等著呢。死神會追蹤我們所有人，而且祂很有耐性……」

他的聲音漸弱而消失，我又想起了薩邁拉的故事。

「總之呢，我見過我的死期，絕不是出自此人之手。如果眞有這個人的話。」老人如此做出結論。

我靠著牆，感覺困惑。**怎麼會另外有人在這麼多年後也想找那本日記呢？**我心想。

除非我在舊城區到處打聽時……

「你怎麼找到我的？」我低聲問。

「不重要。重要的是我在這裡了。」

「但爲什麼？是因爲你有更多關於蘇格拉底的事想告訴我嗎？」

「也許有，也許沒有。這取決於你。」

我放棄了，嘆一口氣說：「好，說來聽聽吧。」

他開口說了起來：「訊息可以像寶石一樣珍貴。但訊息是眞的嗎？寶石又是眞的嗎？你要如何分辨？假設有人給了你三個袋子，每個袋子裡有二十顆一模一樣的寶石。三個袋子裡其中一個裝的是假寶石。你唯一有的線索是，眞寶石的重量是每顆一盎司，而假寶石的重量比眞的多了十分之一盎司。你手上有一個秤，不是那種兩端有盛盤的天平——那就太簡單了。你的秤只有一個承盤。只能秤一次的話，你要怎麼找出哪個袋子裡裝的是假寶石？」

「等等——這不是謎題，這是數學題吧！」（數學從來不是我的強項）

喬爸沒有說話。

我閉上眼睛，想像三個袋子的畫面。我想像要是我表哥戴夫的話——他是數學老師——會怎麼說。如果我從每個袋子中各取出一顆寶石，我設想，合在一起的重量就是三．一盎司，因爲其中一顆多了十分之一盎司——每袋只取一顆寶石沒法透露任何有用

的訊息，不過……要是我拿不同數量的寶石呢？

「好，」我按著這條思路，慢慢地說：「我從第一個袋子裡拿一顆寶石，第二袋拿兩顆，第三袋拿三顆。看看總重量比六盎司多出十分之幾盎司——是六又十分之一、二或三盎司——就能知道裝著贗品的是哪一袋了。」

「完全正確！」他說。

這時我重新提出自己的目的。「我知道你在三十多年前幫助過蘇格拉底，他或許曾告訴過你有關日記的內容。還是他說過把日記藏在哪裡呢？」

喬爸露出若有所思的表情。「我必須搜索一下記憶。就目前而言，我能給你的，我全都給了。」

我喪氣地用腳踢起一把塵土，背過身去。「剛說好的不是這樣！我解開你的謎題，現在該換你幫我了——」

現場只剩我孤身一人，他已經消失在如墨的黑暗中。

一連串自我打擊的思緒朝我襲來，我的心情越發變得陰沉。**喬爸並不是真心想幫我。那本日記有可能永遠不見天日了。沒望了。我是在浪費時間。**我回想起，蘇格拉底曾要我將閃現的思緒一一記錄在一個小本子上，這也算是冥想的一種，讓我得以覺察漂流的思緒之河。他說：「你無法控制胡思亂想，也不需要去控制。就隨它們去，將你的注意力轉到值得的事物上──譬如說你接下來該怎麼做。」

好吧，那接下來呢？我問自己。

在開車回汽車旅館的路上，我想到一件事。明天放學後，我必須再到阿瑪的學校去拜訪一趟。

□　□　□

我走近門口時，阿瑪正在擦黑板。看見她額頭上有一條粉筆痕，我忍不住微笑。出其不意地，我開口問道：「有件事我很想試試看──」

「丹！」她轉過頭來。

她臉上的微笑像是鼓勵我繼續往下說。「妳願意試試看出神狀態嗎？」

她將頭髮往後撥，又多留了一條粉筆痕在額頭上。「不好意思，出神狀態？你是說催眠嗎？」

「那或許能幫助妳想起更多有關蘇格拉底的事。」

「我不認為……」她說著往後退了一步，我這才意識到自己離她非常近。

「對不起，」我尷尬地說，「我忘記我們才剛認識了。換做我也不想讓一個陌生人來催眠我。」

「不是這樣的，」她說，「只是我從來沒被催眠過。」

「有些專家認為，」我解釋道，「大部分人通常大多數時間都處在某種出神或意識變化的狀態——看電影，讀書，冥想。我們的腦波無時不刻都在變化。我在夏威夷認識的一位奇婭嬤嬤，就是以催眠的方式引導我進入比智識更深的層次，以幻象的體驗來授課。她教我，我們的潛意識——她稱之為**本我**（basic self）——所接收的訊息，會比清醒時來得多。如果妳能讓我將妳帶進出神狀態，我可以向妳的潛意識詢問一些看來似乎無關緊要的印象。而且只要妳想回到正常的清醒狀態，妳隨時都可以停止。不過如果由我引領妳回來的話，感覺會不那麼突兀。」

阿瑪顯得有些懷疑。又或許是因為陽光照進她眼底的關係，因為她挑了一張學生的課桌椅坐下，然後指著另一張讓我也坐下。

「我們現在開始吧？」她說。

「好，自在一點就可以——對，深呼吸。讓氣吐出來。再一次。很好。感覺妳的身體越來越重，看著我的指尖，上面這裡，就在妳眼睛上方。」

幾分鐘後，阿瑪開始回應我的提問，她的聲音很低，像是在睡夢中說話一樣。「我就坐在他的床邊。我把一條冷毛巾放在他額頭上。他張開眼睛，像是在做白日夢一樣，說：『我寫了兩頁……五、十、二十……』」她皺起眉頭，語速變緩下來：「『我想到了……感覺完整了……藏起來……我不知道……安全的地方。』」

阿瑪在椅子上搖來晃去好一陣，找到一個平靜的空間，就在過去的醫療站裡。「現在，他坐了起來。他環顧房間四周，然後看著我。他說了一些有關山上的水什麼的。或是噴泉的水。我不知道。我給他水。他啜了一口，就推開了。他的眼睛是睜開的，但是他沒有醒。他一直說：『我必須找到它。』」

阿瑪用小女孩的聲音，幾乎像是在說悄悄話一樣，又說：「他直直地看著我，但卻沒看見我。他說：『它掌握著一把永生的鑰匙。它指引道路。』」

她嘆一口氣，聲音裡帶著一種渴望。「現在他試著想下床。他似乎很焦慮。他說：『我可能告訴其他人了……我不確定。』他很疲倦，又躺了回去，閉上眼睛。等等，還有別的東西……跟拉斯維加斯有關，或是那附近。然後他又說了山上和水這幾個字。我又端水給他，他推開，不斷重複說山上和水。」

阿瑪突然間站起來，我以爲她脫離了催眠狀態。「一把鑰匙。我看見桌上有一把鑰匙。然後不見了……」

她又沉得更深一些，變成了蘇格拉底，用他的聲調說出：「提醒更高層次的眞相……自我和非自我，死亡和沒有死亡……相信命運……即將一次飛躍……必須找到它……不知道在哪裡……我在哪裡？我在哪裡？」

安靜下來了。深鎖著眉頭。接著又繼續。「等一下！太陽……太陽……太陽！」

我只能推測，她這時仍然以某種移情的連結在替蘇格拉底發聲，並且正面對著沙漠的酷熱或高燒。亦或兩者皆是。

該是將她帶回清醒狀態的時候了。她露出全神貫注的表情，眼睛睜得大大的。「等等，等一下！」她坐得直挺挺的。有某個東西正要突破她的記憶邊緣，浮出表面。然後，她知道了。我可以從她的眼神看出來。

「丹，大約十年前，我父親在過世前不久的時候，開始喪失短期記憶。但他對於遙遠過往的記憶力，卻清楚得驚人。他能夠回顧的東西遠遠多於對未來的展望。所以每當我去探望他時，他總會告訴我一些故事。除了他年輕時的故事，有時也會提到他的病人。

「他不只記得那個發高燒、自稱蘇格拉底的男人，還記得另一個男人——這人之前便與我父親見過面，後來才變成類似醫病關係……」

阿瑪又再次坐在那裡等待，傾聽，並且搜索自己的回憶。「我幾乎能聽到我父親的聲音——他告訴我，在他讓蘇格拉底出院的幾星期後，另外那個男人來診所裡詢問蘇格拉底的事，而且還提到有本書什麼的。我爸無法提供那男人任何訊息，就算他知道也不能說，因爲這涉及病人隱私。於是那男人離開了，他似乎很失望，甚至可說是焦慮不安。

「本來以爲這件事就到此爲止，但幾個月後，那人又回來了，這次他懇求我父親告訴他任何有關那本書或下落何處的消息。爲了贏得我爸爸的同情，同時也解釋爲何自己會如此感興趣，那男人將一切和盤托出。他說自己是個專業園丁，之前在開車去上工的途中，遇到一個男人沿著路邊搖搖晃晃地走。在那種正午的大太陽底下，他不可能放著人不管，所以就停車，載了他一程。

「他隨即發現，那人不是喝醉，而是在發高燒。那人喝了幾口他給的水後，用嘶啞的聲音咕噥著一本什麼被他藏起來或是搞丟的日記，以及這日記是如何揭露了通往永生的大門。這些話園丁聽在耳裡，感覺似乎有點瘋狂。等他聽到那男人自稱蘇格拉底時，更證實了心中的看法。而且那瘋瘋癲癲的男人聲稱自己七十六歲，但看起來至少年輕二十甚至三十歲。這位園丁在我父親診所附近，將那男人放下車。喬爸一定就是在那時候發現他的。

「幾星期後，這個園丁身體出現一些奇怪的症狀，他到阿布奎基的一家醫院去做檢驗。結果他被診斷罹患了ＡＬＳ——肌萎縮性側索硬化症，就是魯蓋瑞格氏病[1]，是一種無藥可醫的神經系統疾病。醫生預測他只能再活一到三年。我父親說在那之後他見過那個園丁好幾次，他說他想來尋求第二意見，結果證實先前的診斷是正確的。後來他又來看診，純粹想說說話，希望能得知更多有關蘇格拉底和那本日記的訊息，始終抱持著希望。我父親的角色從治療者變成了諮商顧問，他轉述模糊的記憶中那位高燒病人多年前所說過的話，不過多半時間他只是傾聽。

「那個園丁的推論是，如果蘇格拉底自稱的年齡是正確的，那他或許眞的找到了永生的某種關鍵。園丁深信，他當初發現那個發燒的男人是命中注定的事，那本日記應該是屬於他的。

1 譯註：魯蓋瑞格氏病（Lou Gehrig's disease）即俗稱的漸凍人。

「我父親最後一次見到那個園丁時，他已經虛弱到連走路都有困難。他執迷地讓我爸爸看了一些他在圖書館抄下的筆記，全都是有關神祕的治療方法和尋找永生的書。其中有位古波斯煉金術士設法製造了一種阿拉伯語稱為依克西爾（iksir）的催化劑，據說有長生不死的功效。還有埃及人和印度人會在吞服某些寶石後，隱居到山洞或其他黑暗的空間裡，等待一種稱為卡亞咖帕（Kaya Kalpa）的回春過程。園丁相信那本日記裡可能藏有一張地圖，可以引導人找到傳說中的青春之泉，或者中國古書描述的靈芝，或是柏拉圖某本著作中提過的賢者之石——結合了風、火、土、水而成，可以讓人轉化為不死之身。我記得爸爸曾說，不管是不是妄想，這人眞是做足了功課。」

阿瑪又停了一會。「還有其他的——喔，對了！——當我父親問那位園丁為什麼如此不顧一切想活著，他說為了他九歲的兒子，他必須活下來。那孩子是他的一切。他妻子五年前過世之後，他就獨自撫養那孩子。好像還有一位姑媽，可是……沒錯——他說那位姑媽晚上工作，白天睡覺。」阿瑪嘆口氣繼續說：「我猜我父親沒見過他兒子，但那男孩一定目睹了一切，看著他父親逐漸失去料理食物、開車甚至走路的能力，到最後，甚至連呼吸都做不到。

「六個月後，我父親得知那園丁過世的消息，他終究沒有找到他相信可以拯救自己性命的那個人或那本日記。但那園丁在還能說話的時候，一定曾向他兒子提過蘇格拉底和那本可以指引永生之路的書。我爸相信那園丁的兒子一定會記得……

「就是這樣了。」阿瑪心滿意足地說，彷彿卸下了心裡的重擔。「這個悲傷故事的種種，一定讓我父親留下了深刻的印象。這個故事他對我說了不只一次。」

阿瑪在催眠狀態中說的，我心想，**應該不是「太陽（sun）……太陽……太陽！」，而是「兒子（son）……兒子……兒子！」**

蘇格拉底的確曾經向某個陌生人提過那本日記和日記的內容。而幾乎可以確定，那個園丁一定將他的搜尋過程告訴了他的兒子。**但那是三十年前的事了**，我心想，**這線索已經擱了好幾十年。那男孩長大了，肯定也有自己的生活要過，他可能早已經搬走，將過去拋在腦後了。說不定。或許是這樣。**

阿瑪的聲音將我拉回現實。「我本來以為你應該知道的。我所知的就只有這些了。或許喬爸可以補充些什麼……他這個人你無法預料。」

「是啊，我注意到了。」

「我想那本日記還在等待，等待對的人——那就是你了，丹。我希望你能找到。」

我們靜靜地坐在原處好幾分鐘，誰也沒說話，因為接下來，除了再見之外已經無話可說。

我開車要離開學校時，從後照鏡看到兩個孩子從教室跑出來，跑到操場橡樹底下的草坪上做側手翻。我將目光由後照鏡移開，望向擋風玻璃外的遠方，望向未知。

7

開沒多久後，我彎進一條碎石小路駛往喬爸的店，打算去問清楚他之前的話和突然消失是怎麼回事。店是關著的。我在那裡等了將近一小時才離開，決定放棄這條線。除了謎題之外，喬爸似乎沒有什麼別的可以跟我分享了。現在我感覺很篤定，那本日記一定在往西開車兩天可到的某個地方。莫哈韋沙漠和拉斯維加斯這兩個地方，都是蘇格拉底曾經提過的。

我將小貨車的油加滿後，沿著四十和六十六號公路往西，朝亞利桑那州的曠野開，終點是內華達州和加州交界處的莫哈韋沙漠。我一邊開車，一邊彷彿能看到蘇格拉底坐在副駕座，腳翹在儀表板上打瞌睡的樣子。「所以呢，蘇格拉底，」在炙熱的氣流湧過擋風玻璃側翼發出的風切噪音中，我提高了音量說：「我的方向對嗎？越來越接近答案熱點了？」——在沙漠大烤箱將溫度從烤麵包切換到烤肉模式的當兒，這問題還眞是應景。我打開車窗，將手臂伸出車外，但掠過的風依然炙熱，絲毫沒有紓緩的作用。

這蒸騰的熱浪，讓我對蘇格拉底在高燒中尋找隱密地點藏日記本的離譜行徑，多了一份同理心。但這種「假設自己是神智不清的蘇格拉底」的策略，除了讓我感覺口渴之外，沒有其他特別的效果。隨著路程一公里一公里推進，車子開過大大小小的平頂山、仙人掌和起起伏伏的地勢。小貨車緩慢地爬上陡峭的斜坡，接著穿越高地的疾風暴雨往下滑行，再重回乾旱的平地。跨越新墨西哥州和亞利桑那州的廣袤大地，讓我忍不住想到當年率先駕著蓬車艱難前行，穿越這片不宜居住之荒涼土地的拓荒家庭。

同時，我有一種詭異的感覺，好像有人從遠處一直在看我。我透過坑坑疤疤的擋風玻璃，盯著如長絲帶般通往遠方的道路，又掃視後照鏡，和兩側車窗外飛逝的灌木叢林。但我看見的，只有零星駛過的車輛，和偶爾出現的路邊加油休息站。

接近黃昏的時候，我停車下來伸展手腳，放鬆一下。然後又繼續開了三十多公里，才躺在後車廂，斷斷續續地睡了幾個小時。我在清晨的涼爽空氣中醒來，繼續往前開。

氣溫開始越來越高，我繼續往西，放慢車行速度，視線在地平線處搜索，尋找任何一點可能的跡象。出現在地平線上的一個海市蜃樓，沒想到結果是一間眞實的加油站和便利商店。這是好兆頭。我停車，走進店裡。

補充一堆水和零食後，我研究起牆上的地圖，看看莫哈韋堡周圍有何值得注意的地標。我注意到拉斯維加斯就坐落在九十五號公路往北約兩小時車程的地方，那條公路會途經以三州（加州—內華達州—亞利桑那州）交界處命名的加內亞鎮。

我又加了一夸脫汽油，把油箱和水箱都加滿。這個老加油站如同乾旱曠野中的一片綠洲，對我有著特殊的意義，讓我聯想起將近十年前在柏克萊和我的老導師共度的許多夜晚——好像就在那段時間裡，蘇格拉底和我曾經針對知識與智慧的異同，進行過許多熱烈的討論。**這世界改變了嗎**，我不禁自問，還是我改變了呢？宏大的使命感讓我的鬥志暫時高昂起來，隨著收音機傳出的流行音樂，我用手指拍打著儀表板，倒車開上高速公路重新出發。

黃昏天色暗下後，我找到一家廉價汽車旅館下榻，嗡嗡作響的窗型冷氣，盡最大努力將熱氣隔絕在外。

隔天早晨，又是漫長一天的開始。我做了幾個伏地挺身和仰臥起坐來驅散睡意，直到逐漸升高的氣溫讓我意識到，這種體力的勞動還真是愚蠢得可以。我在大廳找到一具付費電話，打了一通電話給阿瑪，希望她或許能想起一些日記埋藏地點的細節。她沒接電話，於是我又撥給我女兒，電話鈴聲響了一聲又一聲，我提醒自己該再寄一張明信片了。

我沒吃旅館提供的大陸式早餐——白吐司和玉米片，繼續往西前進。

一小時後，我趁著長長的直行路段檢視手上的地圖，一道炙熱的風像憤怒的狗一樣將地圖從我手中奪走，捲出窗外的沙漠。但我不打算緊急煞車去追回來了。要它有什麼用呢？只有對清楚自己目的地的人來說，地圖才派得上用場。

又繼續開了幾公里路後，我看見前方有個徒步旅行者。我放慢車速，發現他雖然頂著沙漠的酷熱，仍然穿著一套破舊的西裝。我停靠到路邊，搖下車窗。他沒有我一開始以為的年輕，不過也不算老——也許三十多歲吧，可能是墨西哥人，或拉丁裔和原住民的混血，看得出來在過大的西裝下，有著結實瘦長的體格。他一頭黑色的亂髮，晒得黝黑的臉上鬍鬚剃得很乾淨。「我叫巴哈洛。」他說著微微一個欠身。

「我是丹。你要搭便車嗎？」

他又鞠了個躬。「Gracias（謝謝），如果你是打算往有水的地方去的話。」

這位徒步旅行者坐進車後，我遞上水壺。他節制地喝了幾小口，將水直接倒進張開的嘴裡，沒讓嘴唇碰到壺口。「你英語說得很好，」我說，「你在哪學的？」

「到處學一點。我很用心學，因爲我是生意人。」

「你做什麼生意？」

「買和賣。」

「任何特別的東西嗎？」

「我賣的所有東西都很特別。至於我買的，倒是滿普通的。而且剛好，我還是一名沙漠導遊。」

嗯，我心想，**一個沒帶水和食物、站在路邊的沙漠導遊**。我忍住沒將嘲諷的話說出口，只問他：「你當沙漠導遊怎麼收費？」

「我的收費低廉，但我的服務高檔。」他解釋說，「我一次只接待一位客人。一天五塊錢，外加食物和水，如何？」

「你打算帶我去哪裡呢？」

「任何你想去的地方。我認識每個小鎮、每座山，和這沙漠裡的任何地點。」他完全沒有虛僞的客套。

「這沙漠裡的任何地點？」

「任何地點，丹先生。我知道哪裡有蛇藏匿，哪裡有危險，還知道怎麼透過巨人柱仙人掌找水……」

有何不可呢？我心想。如果我打算扮演唐吉訶德，尋找這個不可能的夢，何不雇用一個可靠的同伴？「好吧，巴哈洛，就這麼說定了。反正，就幾天吧。」

我把一隻手從方向盤上移開，和他握了一下。

「巴哈洛的意思是鳥。」他解釋。

我們在安靜中往前行駛，經過紅色的平頂山和山麓丘陵，下午的太陽逐漸靠向遠方的山脈。

當西方的天空轉爲橙橘和洋紅色，我停靠在小路的路邊，準備紮營。巴哈洛建議了一個紮營點，有遮蔽物能擋住慣吹的東風或南風，東邊日出時也可以遮蔭。日落讓熱氣稍微紓緩，我的精神也隨之提振。已經預知較高海拔的夜晚會十分涼爽，我便找了一塊平坦的地面攤開睡袋，確定附近沒有蟻丘和其他昆蟲活動的跡象。巴哈洛看來打算穿著西裝就躺平了。

當身爲其中一份子時，沙漠的感覺眞的大不相同。從遠處看來死寂荒涼的地方，在夜間像是活了過來似的。當夜幕低垂，巴哈洛生起一個小小的火堆。我們凝視著劈啪作響的火焰。我聽到有隻郊狼在呼嚎，接著又多了兩、三隻。巴哈洛早先問過我到這個地區來做什麼，我只告訴他，我正在進行一個私人的任務，而且希望我現在的方向是正確的。我凝視著上方星光點點的天空，沒多久後，星星便隨著我沉入夢鄉而漸漸變淡。

第二天早上，我們趕在太陽出來前早早拔營。我打算到人口較多的鎮附近，找個地方吃東西和加油。「剛好，我知道一個地方。」巴哈洛說。他指揮我往正西方開，果然沒錯，在大約三十公里後，開始出現一些零星的建築，然後是一間舊加油站，旁邊連著一家小咖啡館。雖然巴哈洛自稱對本地地理瞭若指掌，但我知道，我得再去買份地圖。

巴哈洛擦車窗時，我將油箱加滿了。我預付了他當天的服務酬勞五塊錢，另外又多給了一些錢做為加油費。他說等打理好車子後他要去戶外的盥洗室一下，等會再到咖啡館裡和我會合。

我不需要菜單。這裡的空氣聞起來就有薯餅、咖啡和鬆餅的味道。女服務生來倒了兩杯水，我迅速喝乾我的那杯，敲敲桌子示意她再加滿。

我看看周圍來用餐的客人：一對夫妻。一個老婦人。幾個出差的生意人。和喬爸。他就坐在我左手邊的吧檯前，正拿著一塊炸麵包蘸盤子裡的蛋。我搖著頭挪過去坐在他旁邊。他咧開嘴露出笑容，但視線沒有離開眼底下的餐盤。

「好吧，大爺，告訴我吧。你怎麼——」

「大家都愛來這嘛。我推薦你點墨西哥鄉村蛋餅。」

幾分鐘後，我向女服務生點點頭，讓她來加第三次水，並且點了餐。我望向窗外不遠的盥洗室，納悶巴哈洛怎麼耽擱這麼久，但也慶幸有時間和喬爸一對一地談話。我開口問他：「請你喝點什麼吧？你看起來和梅乾一樣又皺又乾。」

「來杯檸檬汽水就好。」他說，「在等你的蛋餅煎好這段時間呢，我又有一個——」

我打斷他。「我沒有熱情再解一則謎題好換來幾乎沒用的情報，所以門都沒有。」

「有門，有門。」他說，「而且，從這個小謎語的另一面，你說不定能得到一些有用的東西喔，聽聽看：『我有白得像牛奶的大理石牆，襯著絲一樣柔軟的皮膚，這個堡壘沒有牆，盜賊卻破牆而入偷走我的金子。我是誰？』」

「這問題我也常問自己呢……好吧，我想想——白得像牛奶的牆……」

「襯著絲一樣柔軟的皮膚。」他重複道。

「等等，你先說它有大理石牆，後來又說這個堡壘沒有牆，盜賊卻破牆而入偷走它的金子？怎麼可能有牆又沒牆呢？而且如果沒有牆的話，盜賊要怎麼破牆而入？完全不合理啊！」

「所以才叫謎題嘛，小捲餅。」

服務生送上餐點，我開始大吃起來。「不過這是有解答的，是吧？」

「當然，這題很簡單。答案就在你鼻子前面。」

我低下頭，又咬了一大口——原來如此，我答道：「是蛋。」

「想這麼久，等得我都要咯咯叫生一顆蛋出來了！不過呢，」他說著用吸管唏哩呼嚕把汽水喝光，哐地把玻璃杯放到吧檯上。「我猜你現在想知道更多情報對吧。」

「看看你的大寶庫有什麼吧。」

他鬼鬼祟祟地向我靠過來，低聲在我耳邊說：「老鷹翱翔處——高一點的地方——有可能找到你要的日記。」

「就這樣？」

「至少，你現在可以排除掉低的地方啦。」他彷彿看得見東西似的瞥了瞥四周，好像怕有人在偷聽一樣，壓低聲音說：「還有，要謹慎挑選你信賴的對象。」

「顯然包括你在內。」

「當然！」他再次咧開嘴笑，露出有缺洞的牙。

我想起多年前，蘇格拉底也曾給過我類似的警告，他說信賴必須靠時間慢慢累積。

這同時，喬爸用他看不見的雙眼凝視著我——讓人感覺很不安——又補充了一句警語：「你現在身在沙漠的國度，孫兒，比起你的餐點，你更需要注意的是你的周遭。」說完他點個頭，滑下高凳，靈巧地扶住一位路過的女服務生所伸出的手臂。我看著他們往外朝盥洗室走。

現在看來，巴哈洛似乎不太可能再和我會合了。他的消失，就和他的出現一樣神祕，但他在離開前把加油錢付清了。

8

當天晚上，我在沒有沙漠導遊的幫助下，自己紮營。我在月光下稍微散了一會步，期待沙漠或許會悄悄說出它的祕密。我將感官擴展到四周的環境，對任何跡象都保持警戒，我看到了一隻兔子、一隻貓頭鷹和幾隻蜥蜴。日記感覺還是遙不可及。

我跪在地上，觀察一些毛茸茸的螞蟻。我把臉幾乎貼到地面，往蟻群的來處看去，想知道牠們是從哪裡跑出來的——結果生平頭一遭近距離和蠍子打了個照面。這可不是一般的蠍子——後來我在求生書上查尋到，那是一隻巨型沙漠毛蠍，正朝我的方向緩步走來。我唬地一下跳起來往後退，回頭往營地走，心臟還一路砰砰跳個不停。

我躺進睡袋裡，但一閉上眼睛就看見那隻蠍子。那鞭子般的螫刺攪起一段回憶，讓我想到蘇格拉底有次曾對我說，我忙碌不停的心靈就像是「被蠍子螫了的野猴子」。或

許讓我害怕的並非那些生物本身，而是我想到牠們時的思緒。雖說有這樣的體悟，但我還是跳起來好幾次，把睡袋從內到外整個翻出來一陣狂抖。等抖到滿意了，我抬頭凝視著天空，感覺在沙漠中一個人孤孤單單的。就在快睡著時，我聽見一隻郊狼的叫聲，領悟到：**在沙漠中，你永遠不是真正孤單一人。成千上萬讓人毛骨悚然的生物，都在那裡，等待著。**

◻ ◻ ◻

凱巴布國家森林的南區，就位在亞利桑那州的北端，在這裡光是下一場暴雨，就能帶來波濤般起伏的一片色彩：數不清的野花叢潑灑出白、黃、藍、粉紅、橙、紅和洋紅的色彩；甚至連海狸尾仙人掌和刺梨仙人掌也披上它們最美麗的外衣。不過，迅速重現的熱氣更增添了我的急迫感。等我在加油站遇見一位當地老人時，我已經絕望到企圖用我支離破碎的西班牙文，告訴他我正在尋找一本特別的書。他用英語回答我說：「你回旗桿市可以找到一家很不錯的書店。」

很顯然，我需要讓腦袋冷靜一下。

我的邏輯感持續惡化，嚴重到竟然開始用一些獨創的廢話來自我鼓勵：**如果你不在乎自己身在何處，就永遠不算迷路**。這讓我想到，蘇格拉底常提醒我，身處即此地，存在即當下。**那麼那本日記呢**？我心想，**永遠在他方吧**。

同時，這輛小貨車吃汽油的速度簡直像個放縱的醉漢，嘎嘎作響地駛過數不盡的仙人掌叢和沙堆，又穿過一場短暫的傾盆大雨，短到雨滴還沒觸到地面便已經蒸發——我在旅遊書上看過，這種當地特有的現象叫做雲幡。我提醒自己，日曬是這個區域最常見的死因，這讓我不禁回憶起當年我抓著衝浪板在海上漂流的遭遇，那天的太陽也和現在一樣熾烈。**無論我在何處轉身，死神總提醒我想起薩邁拉**。

我感到一股不理性的衝動，恨不得立刻停在路邊，拿出鏟子開始挖土。我想像自己是隻一百零二歲的沙漠老鼠，一身木乃伊化的皮膚，挖著此生第十萬個洞。我繼續駕車往前。

孤獨一人在車子裡，我的思緒又開始飄移，回到過去：離我現在位置幾百公里外，七年前的過去，我還是個年輕的大學運動員，正在進行一個全國性的冠軍盃比賽，彷彿那是全世界最重要的事。那在當時的確是最重要的事，至少對我來說是如此。然而現在生命還有其他蘇格拉底所謂的「要事」——改變價值觀，改變觀點。

其他隨機的影像和記憶，一一掠過我的意識——歐柏林校園的塔朋廣場公園……在聖塔莫妮卡海灘邊玩人體衝浪，這時的我已經成年——這影像和女兒抬頭看我的表情交雜在一起。然後我看見了阿瑪的臉，還有奇摩，一個帶我去看海底洞穴的夏威夷青年，我就是在洞穴裡發現那尊武士小雕像的。這又讓我想到了日本，要不是發現蘇格拉底的信，我現在應該在那裡的。

當天晚上我做了一個瘋狂的夢，夢見我的老導師身穿白襯衫、西裝，打著蝴蝶領結——在賭場裡掌管二十一點的發牌。那景象太過荒謬，讓我忍不住大笑驚醒過來。在日出前的涼爽時刻，我半夢半醒地坐在睡袋裡，用發乾的喉嚨大喊：「不會吧，蘇格拉底——你這是在開玩笑吧！」但根據阿瑪的說法，蘇格拉底的確提到過那個城市，或那附近的某個地方。我不能忽略任何可能性。畢竟，拉斯維加斯的屋頂，的確算是挺高的地方。除了神智不清的蘇格拉底，誰會想到把一本神祕的日記藏在一間賭場旅館的頂樓，一個明顯卻讓人視而不見的地方？

就算這想法可能性不高，但無論如何我眞的需要暫時脫離沙塵和熱浪一陣子了。於是我拔營，朝北方駛去，住進距離拉斯維加斯大道只有幾個街區的一間汽車旅館——不是什麼豪華度假飯店，但乾淨、涼爽，視線範圍內看不見任何蟲子。

我撲到床上，瞬間沉沉睡去。

9

第二天早上，我一直睡到服務生來敲門才醒過來。「呃，不需要打掃，謝了！」我對門外大喊，然後踏進浴室，沖了個長長的、霧氣蒸騰的澡。在這之前我都沒意識到原來自己身體如此乾渴。我刮了鬍子，塗上大量旅館提供的乳液。**既然人在拉斯維加斯，**我心想，**就照著賭場規則**[1]**來吧**（蘇格拉底也會深表贊同的）。

走到房外，我在游泳池畔溜達了一圈。**他們應該在沙漠裡多設點游泳池才對**，我心想，並且提醒自己盡快找時間來泡一下。

1 編註：此處的「賭場規則」原文為house rules，蘇格拉底以這個撲克牌賽局術語來稱呼寧靜戰士的「門規」。

我在旅館的咖啡廳裡喝了兩杯現擠柳橙汁，還掃光一份水果沙拉、一個英式瑪芬和一些燕麥粥。對了，還有一份草莓格子鬆餅。稍晚，我讓風塵僕僕的小貨車好好洗了個澡，看著灰塵、沙礫和汙垢一層層全被沖乾淨。等待的同時，我將一枚二十五分硬幣投進這罪惡之城中無所不在的吃角子老虎機裡。這台單臂的土匪呼呼地啓動，圖案開始旋轉，然後喀噠一聲嘎然而止，我聽到叮叮噹噹的零錢聲——不算多，但也夠我付洗車費了。說不定我要轉運了。

賭城大道照例擠滿了觀光客，目標全是賭場旅館，或者許諾美夢成眞的結婚教堂。這個四周被沙漠包圍的城市，在炙熱陽光的烘烤之下，只要失去人爲的照料，很快就會回復原來的塵與沙。不過它存續下來了，這裡同時創造有錢人和破產的人——你可能駕兩萬美金的汽車來，搭十萬美金的巴士離開，這裡就是這樣一個地方。

我決定要睡個午覺，好讓自己適應拉斯維加斯的時間。和大多數時髦的吸血鬼一樣，這城市要等天黑後才醒來，並且讓你一時之間忘記自己是誰。但忘記的代價我付不起。即使此刻，那日記可能就在這附近，坐落在我頭頂之上的某個地方。

稍晚，我在凌晨兩點穿過鬧區的人潮，被燈光照得直眨眼，感覺像是走進一個由鋼鐵、霓虹和長毛地毯組成的宜人幻景。繁盛的植栽和華麗的噴泉，傳遞出一種永恆感，不過，就和這座城一樣，一切不過是幻影。

我開車駛往城市的郊區，以便觀看整座城的輪廓，偵查其中最高的建築物，那裡或許就是蘇格拉底藏匿日記的地方。但我找不到任何可能准許人們進入頂樓的旅館或賭場。因此我決定要休息放鬆個一兩天，說不定能讓我的洞察力甦醒過來。

我玩了幾局二十一點，又押了幾次輪盤。贏了二十塊錢後，我到一家通宵電影院，犒賞自己看一部梅爾．布魯克斯的《閃亮馬鞍》，將一切拋在腦後，享受幾小時涼爽的冷氣和溫熱的爆米花。清晨時分回到汽車旅館後，我脫光到只剩內褲（我自忖應該還滿像泳褲的），一頭潛進還亮著燈的游泳池裡，以仰式游到淺水區。**現在是什麼時候了？**我在水面上載浮載沉，懶悠悠地心想，**喔，沒錯，蘇格拉底，這我懂了——活在當下**。

第二天早上我睡得很晚才起，雞尾酒杯盛裝的果汁隨著吸管送進嘴裡，皮膚抹上滑溜溜的防曬乳，躺在汽車旅館游泳池的浮板上飄浮一個小時，讓我忍不住嘴角上揚。咧著嘴傻笑，暈陶陶的。拉斯維加斯的魔力可以把一個人變成阿米巴原蟲，抵消歷時數個地質紀年的演化。

當天晚上我繼續這種反演化狀態，坐上了賭場的輪盤桌。我押十一號——以機率來考量的話，不是太聰明的選擇。一個中庸的賭注。到午夜時，我又輸了好幾次，但對十一號仍抱有堅定不移的信心，於是持續押同一個號碼。總有中獎的一次吧。就在我押上手中剩下的所有籌碼時，聽見耳邊有人低聲說：「押十六號。」

我轉頭看——附近除了賭檯負責發牌的莊荷，沒有別人。這絕對是個預兆。我將剩下的賭注全移到十六號。輪盤轉動，最後停在——十六號！我正準備要將那一堆可觀的籌碼換回現金時，那聲音又說話了：「讓它轉（let it ride）[2]。」所以我就讓它轉了。球在十六號格子的邊緣滾動、跳舞、盤旋——然後輕巧地跳開，彈到綠色的**零號**格子裡。

那聲音又說話了：「該死！」

「好囉，夠了！」我大吼一聲，站起身來怒瞪著莊荷，在我看來這場賭局之所以正義未彰全是他的責任。在發誓永遠不再賭博之前，我將身上所有錢投進了吃角子老虎，就在我轉身準備離開時，聽見硬幣叮噹響的聲音，落下的錢剛好提供了足夠的資金，讓我和二十一點的莊家來場正面決鬥。我這是被賭博熱燒昏頭了。**發燒**！我迷迷糊糊地想，**這絕對是徵兆**！

接下來的十分鐘裡，我以一種做慈善的心情，為賭場捐獻了將近兩百美元。結果，如此慷慨與悲劇性的行動並沒有引起莊家和同桌賭客的注意，其他賭客個個專注在自己攸關生死的大戲，沒空關心我。

「我必須記得，快贏的時候下大注，快輸的時候下小注。」我這樣告訴莊家。

「這辦法聽起來不錯。」他回說。

我加倍下注，結果又輸了一手牌。「你長著一對聖人的眼睛，卻有一雙殯葬業者的手。」我說。

「謝天謝地。」旁邊有個男人含糊地哼了一聲，他看起來似乎正在進行財務自殺，而他臉色蒼白的老婆驚恐地在一邊觀戰。我彷彿能看到法醫的驗屍報告上寫著：二十一點致死。

接下來的一手牌，莊家翻開一張老K，臉上沒有半點表情。我拿到十五點，若根據專家的說法，這時候我應該抽牌，反正從勝算比來看我是輸定了。

二十一點，就像人生一樣，有時只提供你兩種選擇：壞與更壞。

我放棄了。「好，打我吧。」

莊家一臉困惑地看著我。

2 譯註：let it ride也是另一種賭場撲克遊戲「任逍遙」的名稱。

「打我。」我提高音量又重複一遍。

他呆站在那裡，好像聽不見一樣。「打我！」我朝著他大吼。所以他只好照辦了，一記右勾拳把我從高腳凳上打下來。椅子翻倒，將我順勢往後帶，我感覺頭像是慢動作一樣猛地轉向側邊。

就在我的頭撞到賭場地板的那一瞬間，我在汽車旅館的房間裡醒來。

我瞇眼看床頭櫃上的收音機鬧鐘：凌晨四點十二分。我檢查背包口袋，發現我爲了以防萬一捲起藏好的旅行緊急備用金還好好地在裡面。我的賭博熱夢傳達了一個清楚的訊息：該是繼續往前的時候了。

我離開前，吃了頓有點太早的早餐，結清帳單，並且半敷衍地嘗試攀登到拉斯維加斯的最高點。我先搭電梯，再爬樓梯井，走上屋頂，登上屬於我個人的聖母峰，那裡有一扇微微開啓的門。我迅速環顧四周，結果發現——我敢確定嗎？——娜妲（nada）。

我回到小貨車的駕駛座，攤開地圖。

北邊有一片空軍基地和靶場，那裡的地勢算是高的。但我不打算一邊從彈坑向外張望，一邊還要閃砲彈。

東邊是米德湖和胡佛水壩——有機會，但沒可能（就和我過去幾十年的生命一樣）。

南邊是布拉克山和麥卡洛山脈。這個方向看來有希望，但總覺得不對。

西南邊是莫哈韋堡和尼德爾斯，從那裡沿四十號公路通往諾帕嶺和喪禮山，往北就是死谷國家紀念區。還有哪裡比死谷更適合尋找永生呢？

我真的不知道。這是個靈魂的黑夜。雖然之前曾跟著奇婭嬤嬤進行過訓練，但我已經開始懷疑自己的直覺。我要怎麼繼續下去？就算蘇格拉底精確指出了是哪塊地，我要從何挖起？任何一個自重的賭徒，都不會願意賭上這麼低的機率。

我用手劃過地圖……

突然間，兩件讓人意想不到的事同時發生了：我的手掃過一個名叫山泉頂峰的地方，海拔約一千六百七十四公尺，同時間我的脖子一陣刺痛。我不確定這代表什麼意思，但絕對有**某種意義**。那裡距離拉斯維加斯只有一小時車程。

阿瑪在催眠狀態下說了什麼來著？蘇格拉底一再重複有關山和水之類的話，但又拒絕喝水。也許他說的不是水，而是泉水——說不定就是指山泉頂峰？

這個頂峰，正符合了蘇格拉底所描述的，一個地勢高的地方。那裡或許有個洞穴，或很多洞穴，可以讓老鷹從高處遠眺沙漠。他和小阿瑪碰面是那麼多年前的事了，當時的他或許眞有可能在高燒倒地之前，從西邊那麼遠的地方走過來。我的腦海中閃現蘇格拉底徒步爬上山的畫面。我可以看見他坐在一塊遠離文明世界的巨型圓石上，擦掉眉毛上的汗，運用他在柏克萊曾向我多次展現的強烈專注力，在高燒之下書寫著。然後，他在發現自己開始意識不清的情況下，可能就將日記藏在那裡，想等日後再過來取。他之後可能搭了一趟或甚至好幾趟便車，將他再次帶往東邊，回到阿布奎基。或許他提到的是記憶所及的最後一個地方。這故事聽起來挺合理的。說不定眞的就是事情發生的經過。

考慮到蘇格拉底當時神智不清的狀況，的確有可能先到了山泉頂峰，然後又回到東邊。只要有人願意讓他搭便車，他都會接受，不管方向是到哪。一開始可能有人在頂峰附近放他下車，然後他往上爬了一段，遠離公路，來到一個老鷹翺翔的安靜所在。要是我也會做同樣的事。

10

我往南開，接著往西穿越只有山艾叢和風滾草的貧瘠土地。我專注在眼前的道路上，把或許有其他人也在找那本日記的荒謬想法拋在腦後。直到後來我有種強烈的感覺——有人在監視我。**或許**，我心想，**我感覺到的是蘇格拉底的目光**。

車子顛簸地在沙漠中前進，我對自己的不足搖了搖頭，心想，**仍舊是個傻蛋沒變**。或許，讓我來進行一場沒有結果的任務，是蘇格拉底要向我證明，我就是辦不到，他花在我身上的時間全浪費了。他和我分享了這麼多，而我，一個擁有運動員資格的年輕大學生，還以爲那是自己應得的。他在信裡是怎麼說的？他說我深信自己「比同儕更聰明」。我贏過幾場比賽，畢了業，結婚，成爲一個孩子的父親，找到一份教練的工作，然後在大學擁有教職。這些累積到現在又算什麼？除了是個進行著愚蠢任務的自私、孤僻傢伙之外，我究竟是什麼？如果我能找到那本日記，或許就能在裡面發現答案。

接近傍晚時分，我來到山泉頂峰，將車停在路邊。我已經添購了足夠撐好幾天的糧食，水壺也是滿的，另外還多帶了一瓶備用的水。我重新整理背包，讓小十字鎬斜插著露出頭來。卡其納娃娃、武士雕像、我自己的日記和一些散亂的筆記，把背包塞得鼓鼓的。這些是無論如何得帶著的，我不想漏掉任何重要的東西。

我凝視著不到一百公尺外的一處石坡，那是蘇格拉底要往上走的唯一途徑——如果他眞的來過這裡的話。我橫越到路的另一邊，走到算是起點的地方。這條唯一通向上方的路，兩邊都是陡峭的石壁。這種由侵蝕作用和時間鑿出的峽谷，出現突發洪流的機率不小，因此十分危險。不過現在天空萬里無雲，只要踏著一個接著一個的巨大圓石所形成的階梯，徒步往上是相對容易的。

我出發時，正是烈日當空，感覺氣溫高到破表，然後我才發現，熱氣是來自我的體內，像是發著奇怪的高燒。我希望這和多年前擊垮蘇格拉底的高燒不是同一回事。這說不定只是我的想像力，加上在高海拔身體勞動的關係。我持續往前，向上走。

爬了將近兩百公尺後，峽谷盡頭的坡度比較平緩了，變成一整片寬闊的礫土。我可以看得出哪裡是可以讓我俯瞰底下沙漠的至高點。老鷹的視角。但這時，我面前出現了三條路：一條往左，一條往右，一條在正前方。我不知道該選哪一條。就算蘇格拉底幾十年前曾爬過同一個峽谷，他選的會是哪一條路呢？

一種孤獨，甚至被拋棄的感覺，朝我襲來。**蘇格拉底，幫幫我**，我在心裡祈求著，**我從未感覺如此孤獨過**。同時，我的頭陣陣作痛起來。

等這股自憐自艾的感覺過去後，我做個深呼吸，痛飲了幾大口水，並且在發燙的額頭上潑一些水。

就在這時我看見了——或者我以為自己看見了——遠方閃現一些動靜，就在左邊那條路上。是鹿還是山羊嗎？我在大太陽下瞇起眼睛看。不，是一個男人。我可以辨認出他的白頭髮。還有連身工作服。在這麼熱的天？我回想起當初在柏克萊校園中偷偷跟蹤蘇格拉底的往事。那人的身影讓我想到蘇格拉底。接著那身影就消失了。

我望向右邊的路——又發現那人的身影。不可能啊，但眞的就在那。接著那形影開始閃爍，漸漸消失。等我看向正前方的路，好像又瞥到他一閃而逝。左邊，右邊，中間——我眼光移到哪裡，那個形影就出現，然後又消失。我昏熱的腦袋，努力想搞清楚這些影像可能代表的意義。

我坐下來，閉起眼睛，在被汗水浸濕的亂髮上又多澆了些水。突如其來的一陣寒意，讓我牙齒格格打顫。**多諷刺啊**，我心想，**我在這高海拔的地方落進了人生的低谷。我不知道該怎麼辦，該選哪條路呢……**然後我想起蘇格拉底對我說的話：「你的分析技巧很有用。但信賴內在知者的直覺，也同樣有用。善用你的分析能力和直覺——但不要**同時用**。」

現在這個時候，分析對我沒有幫助。這不是我能夠計算出答案的問題。我必須信賴內在的感覺，奇婭嬤嬤一個月前才在雨林中幫我精進過的……我站起身，閉起眼，讓知感延展……我張開眼睛，輪番凝視著左邊、右邊與前方的路。同一個男人的三個形影——我的老導師的幻影——再度出現。只不過這一次，其中兩個在閃爍後消失，只有一個留了下來。往右的路。

有位智者曾說：「在還沒看到自己做了什麼之前，我怎會知道自己該做何感想？」於是我像著了火一樣，往右邊的路——正確的路——出發，這行動憑藉的是信心，而不是視覺。我仍能看見那形影在遙遠的地方，有時我以爲自己接近了，他就會出現在更遠的前方。等我走到一個高台上，那形影已經消失。

⊔ ⊔ ⊔

我之前停小貨車的地方，路邊有塊標示牌寫著：頂峰海拔五千四百九十三。我往上爬了將近五百公尺高，距離公路大約有一公里半遠。這裡除了風，聽不見別的聲音。要不是偶爾有飛機掠過蔚藍的天空，我會以爲自己是世界上僅存的人類。我站在高台上，是方圓一哩內地勢最高的點之一。雖然發著高燒又滿心疑慮，但我感覺得到，自己正逐漸靠近**某些東西**。如果我錯了，就必須面臨下一步，退回去，或放棄。

現在怎麼辦？我心裡猶豫著，在高台上來回回踱著步。那個形影——不論究竟是眞的，或是我心中蘇格拉底化身的守護神——將我引領到了這裡。在這種石灰岩或砂岩的地表上，我要怎麼挖超過兩吋深呢？**當初上地質學課時眞應該認眞一點才對**。

突然間倦怠襲來，腦袋昏昏沉沉的，我開始在高台上紮營，掃開碎卵石，將睡袋攤開鋪在離懸崖邊緣九公尺的地方。然後我小心地爬到懸崖邊，肚子抵在一塊岩石露頭上，窺看底下將近兩百公尺的垂直落差。我丟了一塊石頭下去，石頭在伸出的岩塊上反彈一下後，便消失在底下空蕩的空間裡。我靠在這搖搖欲墜的棲息處，可以看見遠方的沙漠和群山。

此時太陽已幾乎在西方沉落，因此我安頓下來準備過夜。我蜷在睡袋裡，一會兒流汗一會兒發抖，只能對著蒼穹尋求另一個徵兆。我並不期望出現一個箭頭指明該挖此處，或一些老掉牙的徵兆，像是飛來一隻鳥或颳起一陣風什麼的。我希望能出現某種讓我眼睛一亮的東西。

徵兆這種東西很奇怪：只要你尋找，遲早會出現。我不需要等太久。

我在夜間醒來，仰躺著，面對著燦爛的星空。這時我看見了那個驚醒我的東西，就近在眼前，讓我嚇到無法動彈。我盯著自己的鼻尖，看見一個肢節分明、披著甲殼的身體——有隻綠色的蠍子就橫跨在我臉上。我不自覺咬緊嘴唇，牠的尾巴突然掃進我的視線裡，直接朝我眉心螫入。

我尖叫一聲，拚命搖晃想甩掉這迷你的襲擊者，使勁地打向自己的臉，力量大到恐怕連鼻樑骨都要打斷了。我努力想爬出睡袋，雙腳卻和睡袋的布交纏成一團，我的心臟劇烈鼓動，幾乎能感覺到血流在我腦袋裡砰砰作響。看見蠍子落荒而逃後，我重重地癱坐下來。倒不是睡袋阻礙我起身。我根本站不起來了，雙腳軟趴趴，額頭也開始陣陣抽痛。

我的視線一陣模糊，又變清晰，接著又模糊起來。我開始發抖，一陣噁心的感覺襲來。噴嚏和哈欠輪流打個不停，心臟感覺像是漏掉拍子般不規律。我躺了下來，在高燒中昏睡過去，陷入一個不斷在黑暗中蠕動變換形狀的地方。

我坐起身來，或者是夢到自己坐了起來。整個高台發出淡紅色的光芒。蠍螯似乎不再構成困擾，我一躍而起，在詭異的月色下四處晃盪。我的腳步起落間，沒有發出任何聲響。一隻不知從何而來的狐狸，站在離懸崖邊不遠的地方，緩緩地轉過頭去，鼻吻指向一株遭雷霹留下瘢痕的孤樹，然後消失在黑暗裡。

就在這一瞬間，不知是眞實或想像，颳起了一陣狂風，將我吹倒在地。等我站起來，那棵孤樹不見了。我的高燒也消褪了。我走到那隻狐狸先前站著的地方，離懸崖邊不到三公尺的距離。我驚訝地看見，某種植物的嫩芽正從石頭的表面鑽出，彷彿時間加速一般，迅速生長。一枝細長、喇叭狀的莖成形了。我心中掠過一個念頭：**號角響起，宣告著降臨……**

莖的頂端打開，生出一朵花，花瓣的中心出現了一本書——薄薄的，有著紅色皮革封面和金屬扣環。慢慢地，我伸出手……

11

我醒了來，嘴裡喃喃地喊著：「渴……渴。」從夢境或幻覺中脫離之後，我感覺額頭清涼了不少，伸手去拿水壺。止渴的同時，剛剛的夢境佔滿了我的心思。一定就在這裡——在我的腳下。但那本日記並非埋在我腳邊，而是在山裡面等待著，像是某種神聖的水源，深藏在洞穴中。

夜裡那陣折磨仍讓我驚魂未定，我爬到懸崖邊，再次往下窺看。現在我知道自己要尋找什麼了。我偵察到，在那岩石露頭下方約兩公尺處有個凹口，心臟忍不住狂跳起來，那也許就是洞穴的入口。

蘇格拉底曾說過：「在戰爭和生命中，如果開始思考太多，你就死定了。」行動的時刻到了。帶著這份決心，心中的疑慮豁然開朗。我坐了一會，讓呼吸放緩放沉，就像蘇格拉底教過我的——不只是吸進空氣，還要吸納進光、能量和力量。等感覺準備好後，我揹起背包，在懸崖邊緣擺盪起來。

我搖搖欲墜地懸吊在岩石隆起處晃了好幾秒，那凹口距離我腳下只有大約六十公分。此時我可以清楚看出，底下的陰影絕對是一個洞穴的開口。在洞穴入口下方，有個略微突出的岩塊。如果我鬆開手，有辦法落腳在那裡嗎？我體操選手的直覺告訴我，沒有問題。

我開始輕微地來回擺盪。順著最後一次擺盪，我鬆開手指，拱起身體，落在岩塊上，但背包的重量幾乎要把我往後拉下去。我將臀部猛然往前一挺，回復了平衡，然後爬進洞穴——進到山的內部。

我雀躍不已，感覺心臟像打鼓似地狂跳，就像以前練體操時冒險採用新姿勢從高槓上落地一樣。我稍微檢視身體，看有沒有疼痛或受傷的地方，毫髮無傷。於是我站起來，略微屈著身體，環顧四周，思考著。**蘇格拉底選擇這個地方，除了猛禽沒有人能靠近——老鷹飛升翱翔之處——而且也不會受天氣的侵擾。**

我雙手雙膝著地，用爬的前進，憑感覺漸漸深入幽暗的洞穴。等眼睛慢慢適應後，我看見石架上擺著一個東西。我爬得更近些。是那本日記。我眼中充滿淚水，一股混合了疲倦與歡欣的情緒朝我襲來，我又恢復了對自己以及對生命奇蹟的信心。我伸出雙手緊緊握住那本日記，好確定這不是幻覺。我感覺到多年前將日記託付給蘇格拉底的那位老婦人的靈魂，還有蘇格拉底靈魂中的某些東西也在裡面。我輕輕地將它抱在胸前，像抱著嬰兒一樣。我真的找到它了。

我讓自己沉浸在這種歡欣、滿足的情緒中一陣子。

我知道這樣的時候不會永遠持續。「情緒就像天氣一樣會過去，」蘇格拉底曾經這樣提醒過我。這股純然喜悅的感覺持續了大約十秒。

現在，我心想，**我必須做的是，找到回去的路——**

就在這時我才意識到，我剛才一心只想**進來**這洞穴，完全沒考慮該怎麼**出去**。跳下來相對而言是比較容易的，只要膽子夠大，最主要還是靠重力的幫忙。但現在我得爬出去。

我將日記放回原來的位置，爬回洞穴開口往上看。二、三公尺高處那個大岩塊，突出岩壁外大約有六十公分，但那底下一整片的岩壁表面看不出任何可著力的地方，想爬上去困難重重。甚至根本不可能。

我不願意去考慮可能爬不上去的問題——至少對我來說是這樣。但在仔細思考過後，我不得不面對這個事實，我有可能被困死在這個山洞，或在試圖爬出去時摔死。**這**

是道謎題，我心想，**好吧，喬爸會建議我怎麼做呢？或者害我陷入這困境的混蛋蘇格拉底會怎麼說？**

拿不定主意，又不想莽撞行事，我在洞穴口坐下，雙腳在岩壁邊緣晃盪著，將日記和背包先拋在腦後。我盯著眼前的景致，看著遠方的老鷹乘著上升的熱氣流呈螺旋狀盤旋。我回身將那本日記拿過來，心想或許它能提供我些什麼，現在的我需要靈感，或一把離開這裡的鑰匙——

說到這，日記的鑰匙在哪裡？我爬回洞穴，在石架和洞穴地面到處搜尋，但什麼也沒找到。

我突然想到，我自己的日記本的鑰匙說不定能打開這本舊日記，於是重新坐回洞穴口，將手伸進背包側袋取出鑰匙。我用緊張到微微顫抖的手將鑰匙伸入扣環鎖孔，就在要用力推進然後扭轉時，我的手滑了一下。我看見鑰匙往下掉落，在石頭地面上彈了一下，然後飛出邊緣。我伸手想抓住鑰匙，險些跌下岩壁去，卻只能看著鑰匙消失，幾乎要因爲這樣的結局反胃起來。

我想到喬爸說的：「你的時間在用完之前，要多少有多少。」我的時間到盡頭了嗎？我努力了這麼久，最終卻在離未來只有短短兩公尺左右遠的地方結束嗎？我不敢相信——我不相信！我現在手中可是握著永生的關鍵啊（這眞是難以逃脫的諷刺，和這洞穴一樣）。驚慌中，我的呼吸開始越來越急促。

這時我突然想到，有位海軍潛水員曾告訴我：在某次判斷失誤的狀況下，他單獨潛入一個水下洞穴，忘記將用來標示出路的尼龍繩捆先固定在洞口。那次潛水任務看起來很簡單，直到他發現自己被困在一個小洞穴裡，完全看不見出口。洞穴在他腦海中變形爲一個水下墓穴，於是他和我一樣也開始陷入恐慌。他瞄了氧氣筒上的刻度一眼，素來的訓練告訴他：只剩二十分鐘的空氣了。他做了一個緩慢的深呼吸，注意到他呼出的氣泡正直直往下飄移，這表示他正顚倒坐在洞穴頂端。他移動位置回到底部，然後沿著周邊慢慢游動，直到發現了進出洞穴的開口。他找到路游出來時，氣瓶裡只剩下十分鐘的空氣。

我還有很多空氣和大把的時間。我只需要一個解方。我想起有個朋友曾譏笑我太相信奇蹟。「我不是相信奇蹟，」我告訴他，「我是倚賴奇蹟。」現在，我就需要一個奇蹟。

於是，我問自己一個過去十年來，在很多時機下我都曾重複提出的問題：在這種情況下，**蘇格拉底會怎麼做？**然後我心想，等等——**他做了什麼？一個七十六歲、發著高**

燒的老人，是怎麼進來又離開這個地方的？

再一次，透過一隻蠍子，可能的解答出現了。我發現一隻蠍子正沿著洞穴的地面疾步前進，迅速消失在黑暗裡。我跟上牠，保持一段適當的距離，結果發現這洞穴比我初見時以為的要深得多。**蘇格拉底不可能是攀爬出去的！這洞穴一定通往某個地方。**

沒錯！這洞穴有另一個入口。同時也是出口。一定有條簡單的路可以出去。

我滿懷希望到幾乎有點忘形了，決定重新打包行囊。在微弱的光線中，我小心地將所有東西拿出背包外，將蘇格拉底的日記安全地放進背包內，再依序放進衣物、我自己的日記本、武士雕像和卡其納娃娃。我揹起背包，一手拿著手電筒，往洞穴更深處爬，沿著越來越窄的隧道，一點一點往前、向上爬，還得隨時提防蠍子、蜘蛛之類的生物。

比起蠍子、蜘蛛，我更討厭狹窄的空間。越往前，洞頂降得越低了，爬行的空間窄到我不得不掙脫背包，將揹帶纏繞在一腳的靴子上，拖在我身後，就這樣爬了幾公尺遠，直到洞頂又再度變高一些，才稍微感覺解脫。當我看見前方顯然有陽光射入的模樣，解脫的心情更是轉為興奮。我關掉手電筒，繼續往前爬。

等我發現開闊的洞口現在卡滿一堆巨大的圓石，整顆心不禁墜落谷底。剛剛看見的陽光，只是從裂縫和缺口透進來的光線，我可以透過那些空隙瞥見外面蔚藍的天空。那隻蠍子又出現了，牠緩緩爬過我面前，鑽過其中一個小縫隙到了洞外。在接近我胸口的高度，有個洞可以讓我將手臂伸出去，但就僅只於此。在蘇格拉底藏匿日記之後這些年來，這裡一定曾發生過山崩或坍塌。

絕望中，我不知哪來一股蠻力，試圖想移開其中一塊大石頭，但實在卡得太緊，所以根本文風不動——即使用十字鎬來當撬棒也是白搭。前路就近在眼前，卻如此遙不可及！我捶打著石塊，沮喪地大叫起來。

然後，我慢慢深吸了一口氣，讓自己冷靜下來，轉身循著原路往回爬。除此之外，我無計可施。

回到洞口後，我將身體探出懸崖邊緣，再次仔細觀察上方的岩壁表面，尋找任何手可以施力的支撐點。一無所獲。

那把十字鎬還在身邊。於是我探出身體，揮動十字鎬，但這樣的姿勢無法使出多大力氣，而且幾乎看不見自己的動作所能觸及之處。我試圖鑿出著力點，但嘗試了幾次後，抬頭看距離上面突出岩塊大概一半的位置，卻發現堅硬的岩石上幾乎一點痕跡都沒有。

然而就是這麼一看，我才注意到：石壁上方距離我約一公尺高處，有一個我原本以爲是陰影的地方，其實是個小凹口，或許能支撐我用一隻手攀住。如果能搆到那個點，剩下的距離我或許能靠十字鎬爬上去。我揹起背包，準備進行這次最後的攀爬——不是往上就是往下了。

我沒法用眼睛看到目標，只能一次次揮動十字鎬，期待它能正中那個著力點。我往回一拉，它鉤到了。我一步一步，非常緩慢地移出洞穴，將自己往上拉，雙手交替地順著十字鎬握把上升，直到我能將三根指頭擠進到那個縫隙裡。我靠著左手支撐懸空，做了個單臂引體向上的動作，右手握住十字鎬握把的最底端，再一次將它往上揮——

十字鎬的弧狀鋼頭，險險地落在突出岩塊的頂端。

我放開左手，再次沿著握把往上爬升——慢慢地、穩穩地，繃緊了每一條肌肉，但背包的重量不斷將我往下拽。好不容易，我的一隻手攀住了岩塊邊緣。現在我是整個懸空了，接著將右手從十字鎬上放開，也往上抓住懸崖邊。我聽見底下傳來十字鎬的哐噹聲，然後一片死寂。我用剩餘的所有力氣引體向上，讓一隻前臂攀上去，接著另一隻。我拚死命地將一隻腿向上盪，勾住懸崖頂，然後手腳並用爬上岩塊，再爬離懸崖邊緣。我氣喘吁吁，臉朝下趴在堅實的岩塊上。

12

我整個人充滿一種奇怪的不眞實感。我就這麼五體投地趴在地上，甚至不確定自己是不是眞的離開過這個高台。

等呼吸平復下來後，我脫掉背包，抱在胸前，然後換成仰躺姿勢，凝視著蔚藍的晴空。我閉上眼睛，讓自己又一次沉浸在這種愉悅的時刻，享受陽光再度撫照在臉上的感覺。

突然間，有陰影遮蔽了陽光。有什麼在動，輕微的喘息聲，有人在附近。震驚中，我張開眼睛坐了起來。我轉過身去，驚喜地笑了。

「巴哈洛！你在這裡做什麼？你怎麼會——」

「眞是湊巧啊，我身上還有你付給我的五塊錢，我願意還給你，用來交換你背包裡的日記本。」

突然間，一切全變得明朗起來：巴哈洛正是喬爸警告我的另外那個人。他在我進咖啡館後便不見人影，或許就是因爲他看見了喬爸。我的直覺沒有錯。的確有人一直在監視我，並且跟蹤我。巴哈洛現在穿著黑色寬鬆棉質長褲，和黑色棉質長袖寬鬆襯衫，手裡一把手槍吊兒郎當地朝我的方向指著。我心中浮現的唯一想法是：眞奇怪——貝都因人[1]也穿深色衣服，即使在沙漠中依然如此。

巴哈洛手穩穩地握著槍，走向前幾步，一把拽去我的背包。他眼睛牢牢盯著我，邊往後退了約三公尺。「趴下！」他命令道。我俯臥趴倒，但頭仍抬著，看見他又往後退了約六公尺——我猜是爲了跟我保持一段距離——然後才跪下，略微偏過身，開始倒出我背包裡的東西。我看不清楚，但可以聽到我的東西撒落在地面的聲音。在確定全倒空後，他將背包丟到一邊。從我俯臥的位置看不清楚他的動作，但我猜他正在翻搜衣物，並且把武士雕像和卡其納娃娃推到一邊。

我試圖移動，才剛一改變身體重心，他立刻轉身用槍對準我。「別動。」

1 譯註：貝都因人（Bedouin）是在阿拉伯半島沙漠地區過著遊牧生活的少數民族。

我沒動。

如果他眞的那麼瘋狂或情況迫切到要殺了我，可能早就動手了。**沒必要激怒他**，我告訴自己，**他隨時可能改變心意**。我突然意識到自己的處境有多危險，在這座孤山頂上，離文明世界可是有一千多公尺高，幾公里遠。

巴哈洛似乎已經找到他要的東西，並且順手塞進一個背包裡，我忍不住心一沉。他站起來，任憑我的東西四散一地。我聽見他的呼吸因爲興奮而急促起來。

我再也看不到那本日記了。

他回頭問我：「鑰匙在哪裡？」

「我沒有。」我據實以告。

他再次跪下，在背包側袋摸索，找到我的皮夾和一些盥洗用品。他要我站起來，翻出身上所有口袋，我照做了。他確認過後，命令我重新趴回去，然後說：「我不是來打劫你的，我只是拿回應該屬於我的東西。」他那勝利者的大方姿態裡，奇怪地帶著點親近感，又補充說：「我要帶這本日記到我父親墳前讀給他聽。」

阿瑪告訴我的故事，在我腦海中閃過。**所以那故事是眞的**，我心想，**他是那個園丁的兒子！**出於一時的同情，我爲了自己，也爲了他，開口懇求：「別這麼做，巴哈洛，這是個錯——」

我才剛要抬起頭，就瞥見有個什麼倏地揮來。接著世界爆炸開來，陷入黑暗。

我醒來時，頭陣陣抽痛，摸起來有個大腫包。四周已經沒有人，我爬到散亂的背包旁，不敢相信他眞的把所有東西都留下了——衣服、水壺、皮夾，甚至還有他欠我的那五塊錢。除了那本日記。

一時之間，我還沒法鼓起勇氣去看。不去面對的話，我就還保有希望。但我不能再拖延下去了。我將手伸進空背包裡，忍不住倒抽一口氣，我在內襯的裂口裡摸到了蘇格拉底的日記本。當初重新打包時，我爲了安全起見把它藏到內襯後面，那並非深思熟慮的決定，完全是憑直覺。

巴哈洛將背包倒過來的時候，它反而穩穩地卡在內襯裡。巴哈洛意料中的是一本比較重、帶有扣環鎖的日記，也的確在背包裡發現了一本。這本比較薄的日記，摸起來比較像背包底部加固的硬紙板。

我把日記本拿出來，這本多年前由娜妲傳給蘇格拉底，然後又藏身在沙漠中的書，現在安全地握在我手裡了。

但要是我繼續待在這裡，恐怕也保不住多久。

巴哈洛拿走的是我的日記本，裡面除了一些我在旅行中隨手零散的筆記，什麼都沒有。他得花多久時間才能抵達他父親墳前？說不定就在附近而已。或者他出於好奇，已經先停在半路上，把日記上的繫帶割斷打開了。

我得快點離開。要是他發現被我騙了，會有什麼反應呢？

仍在發抖的我，將所有東西全一股腦塞回背包，努力站起身出發，先是走，然後突然跑起來，一路跌跌撞撞地狂奔下山。

爲了避免我可能迅速恢復然後跟蹤他，巴哈洛把我那小貨車的兩個輪胎刺破了。我放棄那輛車子，徒步走下三百多公尺的坡道到另外一條路上，度過我這輩子最漫長的三十分鐘等待，才終於有一輛往西行的卡車讓我搭便車。我放鬆了下來，告訴司機到下個卡車休息站時我請他吃晚餐，然後就癱坐在位子上做出準備打盹的樣子。我疲累至極，而且頭痛未消，但仍緊張到無法入睡。我坐得低低的，讓經過的車輛看不見我，然後緊盯著前方的路。

該是離開美國的時候了。

13

到了休息站，我給了司機用餐的錢，迅速地和他握個手，便快步離開。我用戶外的公用電話聯絡租車公司，回報小貨車遭人惡意破壞以及現在停放的位置，並且告訴他們我已經另外找到交通工具。接著我打電話給航空公司，安排隔天從洛杉磯飛往日本的機票。我本來還想打電話給女兒和阿瑪，但決定還是晚點再說。現在當務之急是找人載我一程。

我詢問了好幾位前往停車場取車的人是否要前往洛杉磯的方向，在接連好幾個否定的答案後，終於有個滿臉大鬍子的粗壯男人向我點點頭，打開他新款雪佛蘭大黃蜂的車門。等我們出發後，我才放心地舒了口氣，但每當有車子超前我們時，我都將身體往下滑一點，那位駕駛顯然覺得我的舉動很好笑。

「躲人啊？」他問。

「算是吧。」

我們衝出沙漠之鄉，一步步接近洛杉磯之際，我的心思就像那輛大黃蜂一樣高速飛轉。我不禁想像，巴哈洛——那位園丁之子——現在正四處搜尋我，就算不是現在，也快了。

隔天早上，車子主人在距離洛杉磯機場幾公里遠的地方放我下車，我走到附近一家旅館的門口去招計程車。我把巴哈洛將我打昏在地後留下的五元鈔票付給計程車司機，一時之間有種稱心快意的感覺。

到櫃檯報到拿了登機證後，我去添購了一把摺疊刀，還有新筆記本、兩支筆、一頂棒球帽、一件T恤、一條小毛巾和其他小東西。我將皮夾、護照、蘇格拉底的信、剩餘約一百八十元的現金，放進背包裡的小口袋，同時再次確定日記還安全地塞在內襯裡。

我到附近的化妝室，脫掉浸透汗水的T恤，丟進垃圾桶裡，然後換上新襪子，洗掉健行靴上的塵土。將臉、胸口、胳肢窩清洗乾淨後，換上剛買的觀光客T恤，將太陽眼鏡掛在脖子上，最後戴上棒球帽。

在稍微變裝並且重新整理過行李後，我聽見廣播傳來我搭乘的班機可以登機了，於是暫時放棄打電話給女兒和阿瑪的計畫，衝到登機門。我警戒到幾乎有點被害妄想的程度，不停回頭審視機場大廳和登機門的其他旅客。

我搭的這班飛機將轉停香港，然後繼續飛往日本。找到座位後，我強迫自己保持清醒，直到機艙門關閉，飛機開始滑行。然後我嘆口氣，心中升起一個讓人安心的念頭——**如果連我自己都不知道接下來要去哪，他當然也不可能知道**——隨即沉沉睡去。

隨著機身一陣震動，我在黑暗中醒來，花了好一會時間，才想起來自己身在何處。從靠窗的座位上，我瞄了坐在我右手邊的兩位乘客一眼。兩人都睡了。我把背包從座位底下拉出，小心地拿出日記，盯著上面的金屬扣環看。上面有個老式鑰匙的插孔。蘇格拉底一定有鑰匙，那爲什麼他不把鑰匙和日記一起留下呢？我試著用小刀撬開扣環，沒有成功。上面短短的繫帶是可以割斷的，但我沒動手，倒不是害怕像闖進法老王墓穴那樣的禁忌，但總覺得不太對。我試著再拉一下扣環，仍然扣得牢牢的。

我將日記塞回背包，準備再睡一陣，相信我的潛意識能找出到一個解決方法。幾乎才剛閉上眼睛，我腦海裡立刻浮現那個卡其納娃娃，同時還伴隨著喬爸說的話：「我能給你的，我全都給了。」我心想，**這只是給我女兒的一份禮物，僅此而已**。不過，我還是重新打開背包，從T恤和內褲底下拿出那個娃娃。我摸到娃娃的圓形底座上有個地方軟軟的。我將娃娃翻過來，擠壓那個部位，戳出一個半圓形的洞。我搖動一下娃娃，一把裹著紙條的舊鑰匙掉落在我手中。紙條上寫著幾個歪歪抖抖、難以辨認的字：**正確答案！**我取出日記，將鑰匙伸進鎖孔裡。扣環打開了。

蘇格拉底一定是因爲某些理由，將鑰匙交給了喬爸。或者是喬爸自己拿走的。不論是哪種情況，他選擇了將鑰匙給我。我心中對這個老頭子升起一股暖意。對阿瑪也是。我要盡快打電話給她，告訴她發生了什麼事。

飛機正飛越北極圈上空，我翻開日記本的第一頁，閱讀蘇格拉底已經在信中告訴過我的內容。我再次閱讀娜妲親手寫下的那個有關逃往薩邁拉的故事，心裡不禁納悶，**薩邁拉究竟只是地名，或是對我們所有人的一個提示？**

我翻了翻整本薄薄的日記，發現蘇格拉底大概只寫了二十頁，大多數頁面都還是空白的。但看來高燒對他的影響非常大：蘇格拉底的信讓我期待會看到條理清晰的文章，結果卻發現內容都是些破碎的句子、領悟和備忘筆記。如果說他眞的從潛意識裡剝絲抽繭出什麼條理清晰的思路，至少我還看不出來。我所看到的比較像是大綱，而不是精煉過的論文。幾乎像是蘇格拉底在爲某人打基礎所做的準備。某個像我這樣的人。

我感覺腎上腺素上湧，但隨即又有種不祥的預感（或者順序是倒過來的），這或許就類似蘇格拉底在信中所描述的，他看到娜妲留下囑咐，鼓勵他去填滿日記空白頁面的那種感覺吧。

現在火炬交棒到我手上了。我突然想到，古希臘的蘇格拉底是位以口述傳授教學的老師，脊背不禁竄起一股奇怪的震顫，有種似曾相識的感覺。將蘇格拉底的思想寫成文字的，是他的學生兼同行柏拉圖。**但我不是柏拉圖啊！**我心想。

我必須好好研究蘇格拉底寫下的東西。我得讀上好幾次，把它們全記下來，然後讓它們停駐在我心裡，慢慢成形。等到那時，我才有可能——憑藉著他給我的種種訓練——應用我自身的洞察力去詳細闡述他的領悟，做出適切的填補和演繹，最終寫出配得上他的智慧的內容。現在我可以體會，蘇格拉底在面對那些空白頁面時，所承受的責任重擔。想到這裡，我沉沉睡去，一直熟睡到飛機在香港落地才醒。

飛機緩慢地往航站滑行，機長宣布：「由於必須進行維修保養，本班機將延遲約四個小時。旅客可自由下機，不過請勿遠離候機室。」這時我突然興起一個念頭：**等會我別再登機怎麼樣？留在這裡，探索一下這個城市如何？**來一次未事先安排的短暫停留，應該不會有大礙，況且，香港向來以學習太極拳和其他來自中國的內家武術而聞名。我可以拜訪幾位本地的老師，打聽一下人跡罕至的學校。又是一次輕率的冒險，但我最近似乎都是靠那些輕率之舉走過來的。說不定，我還能靠著蘇格拉底的名號四處闖蕩呢。

我通知航空公司，辦理完通關手續，然後步出機場。

第二部

台山森林大師

所有人類在死前都應該努力明白，
自己在逃避什麼，
追求什麼，
以及為什麼。

詹姆斯．瑟伯（JAMES THURBER）[1]

要想有福地死去，先學會活著。
要想有福地活著，先學會死去。

中世紀諺語

1 譯註：詹姆斯．瑟伯是美國幽默作家、漫畫家。

14

因爲興奮加上時差而無法入睡的我，走在暮色漸漸濃重的街道上，街上幾乎已空蕩蕩，只剩少數店家在沖刷或清掃人行道。我走過櫥窗裡張貼中英文大拍賣海報的服飾店，走過好多珠寶店、銀行，和一家以邵氏兄弟出品的新電影《打神》[1]爲號召的電影院。在晚上這個時刻，這城市彷彿一個正緩緩闔起的大型珠寶盒。

接近黎明時，我走到一處可以俯瞰維多利亞港的碼頭邊，看著渡輪劃破黑色的海水前進，摩登城市在水中燈火燦爛的倒影隨之扭曲變形。我站在那裡等待徵兆。**只要一個小小的徵兆**，我心想，**讓我知道這個決定是對的就行**。

一個紙杯漂過，然後是一根菸蒂。實在稱不上什麼徵兆。

太陽升起後，我回到小小的旅館房間，本來打算研究一下蘇格拉底的日記，但還沒翻開封面就睡著了，而且一睡就過了大半天。

等我醒來時已過中午，我在一個賣紀念品的小攤子買了張明信片寄給女兒，本來想打昂貴的長途電話給她，可是我不確定她和她媽媽是仍在德州，還是正在回俄亥俄州的路上。所以暫時還是先寄明信片就好。我還是想打電話給阿瑪，她幫了這麼大忙，打個電話過去似乎是應該的。但時差讓這件事益發困難。

我找到一些雜七雜八的中國武術學校，以少林拳、頂級功夫、太極拳和健康氣功做爲宣傳號召。除了我看見的幾個學生都是中國人外，實在感覺不出這些地方有什麼「神祕東方」的氛圍。我逮住機會詢問一位抽空出來抽菸的師父，問他（感覺自己像個白癡）是否聽說過任何「隱密的學校」。結果他告訴我一些有關某個古老學校的神祕傳說。

我找到的這幾間學校，都讓人提不起太大的興趣。我在小路和巷弄間穿梭，呼吸陌生食物所散發的異國香氣，一邊爲了到時要交給大學資助委員會的報告，記下一些對武術現況的觀察筆記。碰上要轉彎的時候，就憑直覺或一時興起，來決定該往左或往右。

1 譯註：《打神》（The Spiritual Boxer）是一九七五年的電影。

在這些敷衍的搜尋過程中，我並不期望有任何特別的發現，我的心思其實全放在自己被交派的任務上。**我什麼時候才要開始寫？**同時，蘇格拉底曾經指示我去尋找一間位於亞洲的隱密學校，我相信應該是在日本。**那我現在還在這裡幹嘛？**我的腦袋裡浮現各種不同的聲音，沒有一個聽起來像是來自我自己的。

最後我到九龍灣附近去晃了一圈，這裡在地理上將香港和中華人民共和國——毛澤東的中國——區隔開來。我不想去一個視我爲「帝國主義走狗」的地方，然後像迪士尼卡通裡的布魯托一樣搖尾諂媚。提起布魯托，我就想到柏拉圖，然後又想到那本等著我投注心力的日記。

我又花了一天時間，在市中心和市郊轉來轉去，重返我已經造訪過的地方。我心中始終抱持一線希望，期待這次的搜尋能像四星期前在夏威夷一樣有成果。但現在看來，那些熱帶島嶼顯得如此迢遙、久遠，而日本，還只是一個希望、一個概念、一個地圖上的點。我現在身處的時間和空間，才是唯一的現實，而我不得不面對一個事實，這裡大概希望渺茫。

當天晚上，我看見一隻蟑螂緩緩爬過發皺的床單。我將牠彈下床，牠落地，調整一下姿勢，又繼續原先泰然自若的姿態。**牠會活得比我久嗎？**我納悶。我遇過的各種各樣爬行昆蟲一族，個個一副清楚自己要往哪裡去的氣勢，比我強多了。**要是我真的是帝國主義的走狗就好了**，我心想，**那樣說不定我就能聞得出機會在哪裡**。

我盯著天花板上的裂縫。窗戶上的抽風機喀啦喀啦地轉，將溫暖、濃重、帶著惡臭的空氣往我身上吹——從窗口看出去，就是小巷裡的垃圾堆。香港和大部分的城市都一樣，對不同的旅客展現不同的面貌。我看到的香港，就是屬於窮酸旅客的，屬於一個有幸在小小的大學城裡找到好工作的流浪教授，而我喀啦喀啦的生命風扇正歪歪斜斜地往前旋轉，讓我離那小城鎮越來越遠。

第二天，在破曉之前，我決定穿越當地的小公園前往機場，來一次最後散步。遠遠地我就看到一群人彷彿慢動作似地打著太極拳，心中便浮現一個念頭：**如果隱藏的學校事實上是在戶外呢**？可能性不高，但靠近點去看個仔細也沒什麼壞處。我挑了一個有利的位置，蹲下來，觀察。

大清早在開放的公園裡練太極拳的人，不算罕見。我看了一會後便打算繼續往前走，但有個女人吸引住我的目光。她的動作優雅而精確，以一個中年女人——或任何人——來說相當不尋常。她有種像貓一樣的特質，讓我聯想起蘇格拉底。她會是一位隱藏在平凡外表下的大師嗎？我們的視線短暫交會了一下，她繼續看起來毫不費力的動作，我認出她打的是傳統楊氏太極，但動作更加強化精煉。我曾學過太極拳，程度足以掌握一些基本拳式，而且看到專家我是辨認得出來的。

就在最後一顆星隨著日出而消逝時，她從頭開始打起，這次是左右相反的反架打法——讓我可以像對著鏡子一樣跟著打。一股衝動讓我靠向前去，開始模仿她的動作。很快地，我便沉浸在放鬆的陰陽流動中，將身體重心由一邊的腿移到另一邊的腿上，繞著中心轉身，一旦有緊張升起，便將它釋放。在這一刻，過往和未來都逐漸遠離……

我正要完成單鞭的動作時，突然感覺有人輕觸我兩邊肩胛骨中間。接下來我只知道自己往前猛衝，翻倒在稀疏的草地上。我迅速跳起，轉過身來。

我的眼睛首先看向自己的背包，確定安全無虞後，才開始四處搜索將我推飛的攻擊者。我拿起背包，走到那群人之間，逢人就問：「是誰推我的？」他們大部分人都沉浸在自己冥想般的動作之中，沒理會我。然後我聽到一聲咯咯輕笑。

我轉過身，發現是我一直在觀察的那個女人。她比我矮一個頭，黑色的短髮已夾雜著白絲。她模仿著美國青少女的姿勢，身體歪向一邊，一隻手叉在翹起的臀邊。「怎麼，就是我推你的，不行嗎。」她用帶著英國腔的英語說，「那你打算怎麼辦？」

「什麼——？妳怎麼——？是妳推我的？呃，爲什麼？」

「你說話像個記者似的，」她現在雙手都叉在臀上了，機鋒敏捷地說：「但你漏問**何時**和**何地**了。至於我爲**什麼**推你？讓交談起個話頭嘛。」

「妳怎麼知道我想和妳說話？」

「你不想嗎？」

「嗯，或許吧。」我說。**我當然想！**我在心裡喊。「所以，妳是怎麼讓我飛出去的？我只感覺到被輕拍了一下而已。」

「不是有個美國笑話是這麼說的嘛……」她說，「有個年輕音樂家到曼哈頓玩，他問一個當地人要怎樣才能到卡內基音樂廳——」

「練習，練習，再練習。」我說。

「啊，這笑話你聽過了。」她稍微有點失望。「那你應該已經知道自己問題的答案了。我已經認眞地練習好幾年了，就像你練習體操一樣。」

「妳怎麼知道的？」

「明眼人一看便知。總之，還滿明顯的，你不覺得嗎？你滾動比站立來得強。而且比起牢牢站在地上，你似乎比較熟悉處在懸空的狀態。」

「說得還算有道理。讓我們從頭來過吧。」我自我介紹後，把自己來這裡的對外官方理由也告訴她。

她聳聳肩，沒什麼興趣的樣子。「我叫華棋，既然你是來這裡觀摩的，」她指指另一位技巧也很出色的年輕女士，「何不仔細看看我的學生蔣薇的動作。」

「妳的學生？」

「是啊，你們美國專家尤吉．貝拉[2]說的：『只要靜靜地看，就能觀察到許多東西。』」

我再次蹲坐在背包旁，看著蔣薇躍起、旋轉，運用迴旋飛踢的動作，展示動作之中包含的矛盾：柔軟卻有力，沉穩卻像沒有重量。我仔細聽她的腳碰觸地面時的聲響，但聽不到任何聲音。

她和同伴打完整套動作後，按傳統方式朝華棋行禮，用一手掌心蓋住另一手的拳頭，然後迅速退下。我有股衝動想跟上蔣薇和她的同伴，但最後只走過去站到華棋旁邊——但保持著一段相當的距離。

「請到我家來吧，」她說，「我們可以喝杯茶，聊聊。我想知道美國人最近都看哪些電視節目。」她這段話還眞出乎我意料。**眞是個充滿驚奇的人**，我心想。我不知道自己的判斷是否正確。

就這樣，我有目標可去，有地方可待了。一個接觸的機會。搭下午的飛機也沒什麼不行。

一大群人或走路或騎腳踏車，往不同的方向前進，這景象讓我聯想到電影場景——我努力跟上華棋在人群中小小的身影，忍不住有點期待隨時會出現一個導演，大喊一聲：「卡！」彷彿一場太極拳練習的變奏，我們小心翼翼地穿梭在人群中，這裡側步避開一堆垃圾，那裡閃過一個小麵攤，再穿過政府機關辦公室門口川流不息的人潮。

我們遠離市內公園，進入更窄的街道，好幾個工人正用夯實的黃土——一種常見的沉積物——在建造一道牆，黃土沾滿了他們的頭髮，在赤裸的背上乾硬成塊。我得很費力才能勉強跟在華棋後面，這時附近的店鋪紛紛喀啦啦地打開鎖開門營業。這城市的珠寶盒要再次掀起蓋子了。

好不容易趕上她，我問道：「不好意思，華棋，但邀請外國人回家喝茶不是挺不尋常的嗎？」

「應該是吧。但你是我見過第一個這麼早在公園練太極的外國人。」

2 譯註：尤吉．貝拉（Yogi Berra）是美國職棒大聯盟著名的捕手、教練與球隊經理。

我們轉個彎，停下了腳步。「到家了。」她指著狹窄街道對面一堵綠色的樹籬說，樹籬外緣開著許多白色和紫色的花。等我們走到對街，直接站在樹籬前面，才看得到那裡有個入口：那條向裡斜伸的拱形通道非常低矮，我跟在她後面必須彎下腰進入。我半蹲著一步步走過那條通道，裡面瀰漫著鮮紅色菊花的芳香。通道像迷宮般曲折彎繞，好不容易，我們來到一棟三房的小屋前面。

我學華棋一樣脫掉鞋子，走進屋裡，就著一張矮几坐在地板上。華棋將一個茶壺放在小爐子上，我安靜地等待，被她屋裡亂中有序的裝飾組合給迷住了：觸目所及都是來自不同國家的物品——各種語言的報紙；色彩繽紛的小擺設，包括一個尤吉·貝拉的塑膠小公仔；卡匣錄音帶；成捲的電影海報；好幾疊印有奇怪英、法文標語的T恤。我聽見水煮滾的聲音，她從一顆小迪斯可球裡——旋緊時還會發出吱吱嘎嘎的聲音——取出一些綠色茶葉，放進茶壺裡淋上滾水。

「我在旅遊業工作，」她跟著我的目光一起四處看，說道：「蒐集些有的沒的。」

一起啜了幾口芳香的茶湯後，華棋才又開口：「告訴我你最喜歡什麼電視節目。」

「說真的嗎？這個嘛……我在家不太看電視。不過有個節目我從不錯過，叫做《功夫》——」

她激動得像個三歲小孩般，眼睛發亮。「眞的？那也是我最愛的節目！事實上，我有點迷戀甘貴成[3]。」

「但他又不是眞的中國人！」我說，「妳知道，本來是李小龍想演那個角色——」

「李小龍是位極有天份的武術家。我很仰慕他，他過世我眞的很難過。」她沉默了一會後又說：「大衛．卡拉定[4]就是**那個角色**，你不覺得嗎？」

「對，他是個寧靜戰士——在他還沒那麼厲害的時候。」我發表完意見後，忍不住一股腦說出心裡的想法：「眞不敢相信，我竟然在香港和一個太極大師分享粉絲心得！」

華棋的語氣陡然改換，變得冷靜嚴肅，跟剛才完全判若兩人。「在一些難得的機會裡，我會遇見可能準備好要學習，而且也有經驗可與我分享的人。」

「妳是指我嗎？妳爲什麼會覺得我有東西要和妳分享？」

「你的眼睛和姿勢透露了一些東西，」她說，「正直。我猜你曾跟隨某位大師學

3 譯註：《功夫》影集中的主角名。

4 譯註：大衛．卡拉定（David Carradine）是飾演甘貴成的演員。

習。」

「我曾經——現在也是——有位老師。但我受過的訓練，是體操多過於武術。」

「這我也注意到了。」她說，嘴角壓不住笑意。「你的路數，你的道，是屬於雜技演員的。該是如何就如何。畢竟，火焰會渴求變成落雪嗎？玫瑰會像浣熊一樣一臉怪相嗎？」她伸出一隻手，指向天空說道：「智者以自己的方法行自己的道。」

「這是孔子說的嗎？」

她露出微笑。「不，是《功夫》裡的盲眼寶大師。」華棋站起身，將部分雜物推到一邊，抓出一個海報筒，從裡面拿出一張大衛．卡拉定的超近距離特寫海報。她撫摸那明星的臉頰。

我回想起就在幾星期前，喬爸讓我想起同一個人。華棋將海報丟到一邊，沒多久後又坐回我對面的位置，再度露出嚴肅的表情。

「我的導師，我以希臘智者蘇格拉底的名字來稱呼他，他曾告訴我，我練習的是體操，而他修煉一切。」

華棋贊同地點點頭。「的確！每條路都可能成爲人生的道路。小的『道』與大的『道』融合，就如同涓涓小溪與一條大河合流。」

「又是出自《功夫》？」

「不，這是華棋獨創。」

「還有一件事，」我說，「我來這裡是爲了一個私人的任務。蘇格拉底派我去找一本記錄著他的體悟的日記，我找到了，現在就帶在身邊。」

華棋沒有理會我的話，將對話引導到有關存在的主題。「今早起床時，你和我兩人都不曾意料到我們會相遇，然而我們現在對坐在這裡，這不是很耐人尋味嗎？誰知道你爲什麼會在這個早晨、這個時刻，來到香港的一個公園裡？誰又知道我爲何心血來潮動手推你一把……推往正確的方向？」

我的回憶跳躍，回到當初第一次和蘇格拉底相遇時那個奇怪的情境。在那個深夜裡，我順隨一股衝動走進他那老舊加油站的辦公室，這不只改變了我人生的方向，也讓我學會一輩子信賴自己的「內在知者」——儘管直覺的衝動有時可能引領我走上一條曲折的道路。我和華棋的碰面，有沒有可能也是類似的狀況？我沉浸在思考中，差點沒聽到她接下來說的話：「……願意努力的話，我或許可以根據你的興趣安排一些訓練。」

我考慮著她的提議：**跟著華棋進行幾星期的訓練，再趕我的下一趟飛機，有何不可呢？**

「妳眞是太慷慨了。」我說，「我們在這裡訓練還是到公園呢？」

她大笑。「不是，丹。不在這裡，也不是跟我。有另外一位大師，他可能更符合你的需求。你必須進行一趟小旅程，到我兄弟的程家莊去。那裡的農莊雇工——幾乎都是孤兒——也在大師的指導之下學習太極拳。這位大師嘛……嗯，你很快就會知道狀況了。我不能替那位大師說話，但如果你願意和其他學生在那塊農地上工作，大師或許也會樂意指導你。爲了清淨起見和一些政治因素，農莊隱藏在深山林內。」

隱藏的學校？我心想。我不確定自己有沒有聽錯。「我的老師曾鼓勵我去找這樣一所學校……」

華棋將我的茶杯加滿。「所以你正在尋找一所學校，然後遇見了我。眞是有趣的巧合啊，」她說，「如果你相信這種事的話。」

「不管是不是巧合，」我小心地捧起茶杯，「只要你也準備好，我隨時都可以去拜訪這位程大師。」

華棋原地起身——幾乎像是向上浮起來似的——到房間另一頭另一張矮几邊，先將一件喇叭牛仔褲推到旁邊，然後打開抽屜。「那地方不是隨便可以想去就去的，到台山是一條很長的路程，位在中國東北——」

「中國？」我以爲自己可能聽錯了。「毛澤東的中國嗎？但我不能……我沒有——」

「我必須寫一封介紹信，安排你的通行許可。」她伸手到抽屜裡，拿出一小罐墨水、一支毛筆和一些宣紙。

「我要怎麼通過邊境關卡？」

「你要去的地方沒有檢查哨站。兩天後，你在黎明破曉時分過來。我會幫你準備一些必要的用品，你需要輕便的——」

我指指自己的背包。

「很好。」她說著坐下動手寫了起來，她的手彷彿在米黃色紙張上滑行一樣，一個個中國字從她筆下流瀉而出。

「眞的很感謝——」

「那裡的食宿你得用工作來換。」她低聲說。一個米老鼠氣球飄近她的頭頂，她頭也沒抬地一把拍走。「兩天後回來這裡找我。同一個時間。」

15

我向她鞠躬道別，但華棋只是專心書寫，沒有理我。臨走前，我說：「我剛提到的日記，可能有另一個人因爲他自身的理由，也在找它。那人可能很危險。雖然他不太可能跟蹤我到這裡，但爲了安全起見，還是跟妳說一聲。」

華棋看起來好像沒在聽，但卻邊寫邊心不在焉地說：「眞戲劇化。不知道換做是甘貴成會怎麼做？」

我再次彎下腰，鑽進低矮的花棚拱道——一個連結兩個世界的通道——離開。我很喜歡華棋的功夫和古怪個性，但我能信任她嗎？沿著原路往回走的同時，心中不禁懷疑我讓自己陷入了怎樣的處境。狂熱的人民解放軍幹部碰上外國旅客一定會盤查，我放心讓她爲我安排進入中國嗎？

答案是肯定的。一扇門在我面前開啓了。我要踏進去，走進另一個世界，看看它要向我透露什麼。同時，我試著最後一次打電話給我的小女兒，她給我的德州電話號碼和俄亥俄州家裡電話都打了，還是沒能連絡上她。打給阿瑪也沒成功。

接下來的兩天，我不是待在旅館房間，就是到公園研究蘇格拉底的筆記，讓他寫的字句滲透到我身裡。最後，我終於再次坐到華棋的矮木几前喝茶。她遞給我一些紙張。「收在安全的地方，」她說，「對付那些官僚可能有些困難，但我在官方的一些朋友和親戚很有辦法。」

「妳也在的話，我爲何還需要引介信——」

「我在這裡還有些工作。這個月稍晚，或者下個月，我再和你會合。我會盡快。」

「但我以爲——」

「別自以爲，」她說，「尤其在中國，要考慮當前的政治情勢。」我猜對她來說，政治是暫時的，流行文化才是永恆的。

我打開宣紙，看見一封中國書法寫就的信，還有一些給我看的英文指示，她大聲念出那些指示提醒我：「拿這些給船長看。信只讓他過目，不能離開你的掌握。」爲了強調這項指示的重要性，她把那些紙從我手中抽走，再重重壓在我胸前。

之後一切發生得極爲迅速。在前往碼頭的路上，我追在華棋身後穿過擁擠的街道，她給我最後的提醒。「即使你們的總統尼克森來訪問過了，」她告誡我，「外國旅客還是受到懷疑，甚至當做間諜逮捕。不要引起注意！保持沉默和友善。不要引起騷動。無論何時何地，盡可能不與人交談。你年輕，又強壯，但命運是個逗弄人的小丑。」

「我見到程大師時，要跟他說什麼？」接近碼頭時，我大步趕到她身邊問道，「我怎麼知道他是不是願意收我爲徒？」

「他只會說中文，所以你沒辦法直接和他對話。會有人幫你翻譯，一個女子。不過如果你能抵達學校，就會受到歡迎的。」

如果我能抵達學校？我有沒有聽錯？沒有時間再思考或確定了，拖網漁船的船長對華棋匆匆點個頭，示意我上船。我可以感覺到引擎的震動。

這時我突然想到，我本來打算在離開前最後一次打電話給阿瑪試試看，但一陣匆忙下來我都忘了。我迅速拿出筆，在紙上寫下阿瑪的名字和電話號碼，伸長了手，將紙條遞給船外的華棋。

船啓動離岸，我在轟隆隆的引擎巨響中對著她大喊：「拜託，打電話給這個女人！她必須知道我找到日記了！」

華棋微笑地揮揮手，彷彿當我只是在跟她道別而已。我聽見她說：「一路順風，丹，別忘了——」

這時引擎馬力全開，我聽不見她說的話。我大叫：「別忘了什麼？」但我的聲音只落在海面上，傳不過去。

一直到後來我才想到，我們根本沒討論過回程的安排。她只說會來和我會合。

期待夾雜著恐懼的情緒將我淹沒，我站在甲板上看著海岸線在薄霧中漸漸消失。**我做了什麼？**我盯著她畫給我的地圖這樣問自己。我踏上一個沒有回頭路的旅程，先是跨海，然後渡河，接著還要徒步跋涉由蘇俄進入中國，尋找台山和位於山麓的台山森林，到那之後還不一定找得到那所學校。

我感覺有人在我肩上拍了一下。船長伸出手來，我本來以爲他是要錢，然後才發現他是要看那封信。他從我手中一把拿過那封信，讀過之後，抿著嘴微微一笑，點了點頭。他依然把信拿在手中，說了一些話，比個手勢要我跟著他到一個小房間去。房間只有衣櫃大小，裡面有個鋪位和臉盆，看來大概是我睡覺的地方。他又指著靠近爐子的另一個房間，應該是和船員一起吃飯的地方。最後，他帶我走下舷梯到另一扇門前，從氣味就能判斷那裡的用途了。然後他向我揮揮手，拿著那封信就離開了！

我在甲板上追上他時，他已經把信收起來了。我連說帶比的，努力想讓他瞭解我要討回那封信。此時他正忙著吆喝他的船員，心不在焉地從口袋裡掏出那張已被揉得發皺的宣紙還我，那是我得留著給下艘船的船長看的。

根據華棋的說法，我最終的目的地是位於黑河區愛輝縣的台山森林——那裡應該是藏匿於人口稠密區的一處孤絕山林。我將地圖拿給一位水手，他指出我們的航行路線將穿過中國大陸和東邊的台灣之間，往北駛過東海。

接下來的幾天裡，船航經南韓，往北進入日本海，接著朝正北方前進。航程中，船因為捕魚下了好幾次錨，漁獲全倒進一個裝滿冰的容器裡。每次靠岸時，我都會躲進自己的船艙裡，等待船員的暗號（如果他們沒忘記的話），然後才重獲自由，得以在甲板上閒晃。

在南韓的某個偏僻小海灣，我偷渡登上了岸。大約十分鐘後，一個灰髮男人來和我碰面，帶我去見華棋提過的另一位船長，一個名叫金勇的男人。我將信交給他。他看過信後，皺眉盯著我看，將信一把撕掉，然後轉身離開逕自登船去。我跪到地上，把已成碎片的信全撿起來，跟著他到船上，激動地說：「為什麼？怎麼回事？華棋說——」

聽到這個名字，船長轉過身來。除了這兩個字外，他顯然聽不懂我在說什麼。那個灰髮男人出現在我旁邊，用破碎的英文說：「給我。」他指指那些信的碎片。他勉強就著碎片看了一會後說：「不是信。」然後他嚴厲地和金勇說了些什麼，金勇只簡短地回應，但顯然兩人已經達成協議。

灰髮男人轉頭對我說：「你工作，他帶你。」他說著邊做出拖洗甲板的動作。

本來想抗議，但我閉嘴了，心想，有何不可呢？自從幾個月前離開歐柏林學院後，我就沒做過類似的簡單勞務了。這個念頭激勵了我，我迅速點頭答應。沒多久後，那位灰髮大善人離開了，而我則再度離岸。

不知是我第一次拖甲板時太笨拙，還是船長改變心意，總之除了剛上船那次以外，我在這第二艘船上的三天裡，從沒有人要求我做任何工作，更別說擦洗甲板了，雖然這次是和船員睡在一起。大部分時間裡，他們只把我當成鬼一樣視而不見。

但也並非完全沒有好事：孤單一人待在船員休息區裡，我因此有時間拿出蘇格拉底的日記，研究他零碎的思想和註解。雖然偶爾也會出現完整的句子或甚至完整的段落，但主要還是潦草的短句，以大綱的方式列出他的一些領悟，我必須先想辦法理解才能夠加以詮釋。有一個較大的主題開始在我心中逐漸成形，而且這過程是從我和蘇格拉底初次相遇時便開始的。不過當時還是大學運動員的我，寧願嘗試危險的行動，也不會想靜下來寫東西。

現在的我也沒辦法眞的好好寫些東西，海象嚴峻，拿筆寫字會讓我暈船想吐。不過等我到達那學校後，會有時間的。在海上這段時間，迫使我在眞正動筆前先深思熟慮一番。因此當我蜷著身體躺在我的鋪位上，感覺每一道海浪的起伏，看著思緒和想法一步步凝聚，彷彿由星塵逐漸形成行星，這時我開始瞭解……蘇格拉底眞的找到了一個「實現永生」的方法。並非許多人想像或希望的那種永生，但在某種意義上，的確是永生。

我被腳步聲驚醒，眼睛還沒來得及張開，就先伸手探向日記本。一位船員朝我點了個頭，看他那樣子，我知道登陸的時間就快到了。我收拾好背包，急忙登上甲板，剛好看到我們的船經過蘇俄的海參崴港。

這個港口入境需要簽證，因此我沒辦法在這裡下船。但往正北再航行四十五分鐘後，我在蘇俄某個偏僻小海灣的前哨站下了船。這裡其實只有一間販賣基本補給品的小屋，我用美金換了些盧比，用來購買食物、指南針、水壺和一頂有著紅星圖案的帽子。爲了精簡裝備，我將在沙漠裡用過的睡袋換來一塊防水布，有需要時可以用來蓋住身體。雖然華棋說過我旅途上或到了學校後，都不需要用到錢，但我還是想辦法換了一些人民幣。

她提醒過我要避開人多的地方——「勒緊褲帶，加快腳步！」——我決定遵照她的囑咐。等到農莊或學校或我不確定那是什麼的地方後，就會有充足的食物和休息的機會了。**如果我到得了。這麼相信她是不是太瘋狂了？**蘇格拉底曾經給我忠告：「不應該太快交出你的信任——信任是靠時間慢慢贏得的。」我對華棋幾乎一無所知，只知道我們喜歡同一個電視節目，也喜歡太極拳。**她說不定正把我送到某個禁錮人心的異端信仰手中**，我心想，**就像是中國版的《黑暗之心》，或類似喬治·歐威爾的《動物農莊》的場景**。

不過，在我們共處的短短時間裡，華棋讓我感覺很眞誠。我不清楚她爲何有興趣幫助一位只是遊客的教授，但說到底，誰又能猜得透誰的心思呢？

16

靠著一張地圖、一個指南針和華棋給我的指示，我徒步進入了蘇俄的森林地，朝興凱湖的東岸前進。我橫跨崎嶇的濃密林地，偶爾碰上暴風雨時就找個稍微可遮蔽的地方躲避，最後花兩天的時間抵達了湖畔。我繞開人口稠密的地區，但在比較靠近農村的地帶，偶爾會瞥見一些踩在深及膝蓋的水稻田裡的農夫——男男女女並肩工作，在籠罩著黃色塵土的碧藍天空下，驅著水牛拉犁耕田。小塊的貧瘠荒地上，還看得到一些羊在吃草。

謝天謝地，我沒看見任何軍隊或警察的蹤影。我繼續往北，直到標示著中俄交界的烏蘇里江口。比約定時間晚了三小時，平底船的船長終於出現，找到正在四處踱步的我。

幸運的是，這位船長不介意我沒有信——只要我奉上數額正確的人民幣。他載著我往上游航行了一天，來到烏蘇里江與另一條寬闊河流的交會處，華棋告訴過我，那河在蘇俄稱之爲阿穆爾河，也就是中國的黑龍江。繼續往北一會後，在毫無預警的狀況下我突然被迫下船，那船長幾乎是用推的，把我和我的背包推出船外後，便逕自駛離。

這下子我是眞的不知置身何處。船消失無蹤，帶有安慰效果的規律引擎聲也隨之而去。要是我受了傷或失去行動能力，可能會死在這裡。如果我死掉的話，我的小女兒就永遠不知道我發生了什麼。蘇格拉底也永遠無從得知我找到了日記。**所以你最好別死！**我這樣告訴自己。

往好處想的話，巴哈洛永遠、絕對不可能跟蹤我到這來。爲了努力打起精神，我擺出一個武術架式，模仿華棋的海報上大衛．卡拉定的姿勢。**我可是個冒險家**，我告訴自己，**他只是電視上演出來的**。

我查看指南針，開步往西，在樹林和陰影的掩護下踏上這趟旅程的最後一段路，由陸路前往台山山麓那個應許之地，台山森林。

三天後，剩餘的糧食已差不多全吃完，又累又飢餓的我，已經走在黑河區附近。雖非明智之舉，但我感覺到一股衝動，想進到城裡，走在擁擠的人群中，而不是永無止盡的樹林。華棋的提醒將我拉了回來，我必須避開任何官方人士。在搭便車到洛杉磯的路上，那個大鬍子司機是怎麼問我的？現在的我是眞的要躲開人才行。我受到這念頭的鼓舞，繼續前進，同時回憶起曾經讀過的一句諺語：「漫長跋涉中，你隨時想放棄都沒關係，只要雙腿繼續移動就行。」

當天晚上，疲倦至極的我連堅硬的地面睡起來都感覺像羽毛床，睡得不省人事。接近天亮時，我從一個奇怪的夢驚醒，夢中有一座沐浴在陽光下的樓閣，和一個身穿白衣的女人，後來她的上衣變成一道陽光，射向我閉著的眼睛。一開始我還搞不清自己置身何處，接著記憶迅速湧回。我站起身，整個人又餓又僵硬，於是把剩下的口糧吃掉一半。我乾癟的胃咕嚕嚕地抱怨，還想要更多。

連續幾天只靠少許食物維持步行的體力，森林開始呈現一種白日夢般的感覺。我每天都要好幾次伸手到背包裡摸摸蘇格拉底的日記，確定還在才能放心，除了即將抵達的終點站外，那是我與現實世界之間的定心錨。我將自己的筆記本塞到背包的最底部，我知道它太餓了——恨不得立刻吞下那些我該寫，卻還沒寫下的字句。

根據地圖，我應該已經到了才對。但地圖上的距離，和森林裡的實際距離差異可能極大。我尋找地勢比較高的地方，踏到一塊空地上，看見有個男人正對著一棵樹小便。

我還來不及動他就看見我了，對我笑笑，用中文不知問了些什麼。我只能對他友好地聳聳肩，做為回應。

他上下打量我，把我骯髒的褲子、汗漬斑斑的T恤、背包和紅軍帽全看在眼裡。他指著自己的鼻子說了幾個字，聽起來像是「吳世」，然後點頭，又指指我。

「丹·米爾曼。」我說著碰碰自己的鼻子。

他甚至沒有試著重複我的名字，只是點點頭，然後便示意我跟著他走。沒多久後，我們來到一間小屋，屋外有個簡陋的汲水幫浦和蓄水槽。他將水潑在自己臉上，表示我可以用水來梳洗。我跟著做，心想不知我聞起來有多臭，我已經好幾天沒洗澡了。那水很清澈，而且流動很快，我拿出水壺比劃一下，吳世接過水壺，親自幫我裝滿。

吳世拉拉自己的衣服，又向我指了一下。我脫掉上衣，將冷水潑到腋下、背後和胸前各處。等我穿回T恤，吳世邀請我進小屋。屋裡有個女人，應該是他的妻子，她鞠個躬後連忙去盛了些粥到一個小陶碗裡，又在碗裡加了些像是杏仁和栗子的堅果。她又鞠了個躬，微笑地把碗遞給我。就這樣我靜靜地喝著粥，共同享受著這友好的靜默，直到我喝到肚子都鼓出來，三個人為此笑個不停。

不過，我還是感覺尷尬。當溝通受限，僅止於彎腰鞠躬、微笑、手勢和咕咕噥噥時，任何人都會感覺尷尬。等我吃完後，吳世的太太端給我一杯茶和一塊蒸糕。「一起！」她說著舉起一個鮮紅色的搪瓷杯。我想送他們一些東西做爲回報，因此從幾乎見底的存糧裡拿出一些葡萄乾和混合堅果。吳世禮貌地只取了一些放到他的粥上，而他的妻子則是將我的手推開。

離開前，我用殘破的中文問道：「在……呃，林……呃，哪裡？」我指著樹，試圖表示森林的意思。吳世只是盯著我看，然後搖搖頭，無法理解我混亂的語言，更別說我想表達的意思了。「台山森林？」我用英文大聲重複，還加上誇張的肢體動作。我發現他們應該聽不懂「森林」這個詞，因此我重複「台山」兩個字，努力讓發音聽起來像是中文。

原本滿臉困惑的他們，突然大笑起來。吳世揮舞著雙手四處比劃。啊，他們沒辦法爲我指出哪裡是台山，因爲我們就在裡面啊。我還想問吳世是否聽過有個農莊或學校，但不知從何問起。

他們對一個來自異地的陌生人殷勤招待，讓我十分感動，我只能用我僅知的些許中文之一「謝謝」來表達謝意，並且邊離開邊向他們彎腰鞠躬。他們也鞠躬回禮。我再次轉身，走進森林。

滿頭大汗地走了一個小時後，我來到一片無法穿過的樹叢前，看起來和華棋家前的樹籬很像，只是比較大，而且找不到開口。我想像自己回到香港，走到看起來有可能是她家入口的位置，閉上眼睛，踏出腳步。

我踏進樹叢裡，後面沒有小房子，而是一片完全不同的風景：濃密得像是草叢的雪松和松樹。扭曲的樹藤從粗壯的樹幹上垂落，像是一條條巨蛇。我踏出的每一步都有伸出的樹枝阻擋，彷彿它們能感應到我的入侵似的。路出現，又消失，像是瞬間即逝的幻覺，我步步推進，像走在迷宮裡。

我記得曾經問過華棋，有沒有台山森林裡的地圖，她說：「你不可能畫森林裡的地圖，因爲它隨時在改變，指南針在那裡也沒有用。只能靠著清明的直覺往前走。」

清明的直覺，我心想，試著想像一所學校、一座農莊，或一個寫著「**已達目的地！**」的巨大路標。我一步步艱難地往裡走，推開擋住路的樹枝和藤蔓，樹的汁液弄得我的手黏答答的，有群鳥從樹頂上飛起，其中一隻擦過我頭頂，嚇了我一跳。走一陣子後，我幾乎撞上一隻手掌大的蜘蛛結的巨網。過沒幾分鐘，我推開一根垂下的藤蔓，等那藤蔓溜開，我才驚覺那是條大蛇。在陰暗的樹林間，我還碰見一隻深紅色的鸚鵡和一大群檸檬黃的鳳頭鸚鵡，啁啁啾啾發出刺耳的呼呼嘯聲，振翅飛向無垠的天空，迅速隱身在樹冠間我看不見的地方。偶爾有陽光穿透頭頂茂密的樹葉，閃爍著微弱的光影。在這白晝漸短的早秋時節裡，太陽下山得比較早。

突然間，我感覺腳邊的樹叢裡有東西在動，恐懼順著我的脊椎直竄而上。我加快腳步，踏上一個緩坡。這時我開始迷惑，感覺自己好像困在一個鏡子的迷宮裡。我開始疑惑自己是不是一直在繞圈子。時間已經過了一個小時，或者只是感覺像是一個小時，我無從得知，因爲我的手錶早已沒電不會走了。

我應該轉彎才對，我越來越分不清方向，心跳也越來越快。但要往哪個方向走呢？哪條才是出去的路？急忙中，我衝出一叢樹林，幾乎要從一個陡峭的懸崖跌落。迷迷糊糊間，我以爲自己回到了內華達州那個高台上，好像從沒離開過。

我眨眨眼，再次看清自己現在身處的環境——我正在中國的一處森林裡，俯瞰著一個深峻的峽谷。我踢動一塊小石頭，看著它落在約十二公尺底下的一條湍急溪流裡。如果能回頭，我一定會這麼做，但除了往前之外，我已經無路可去，只能跨越這道窄窄的峽谷——和對岸的懸崖間約有四公尺的距離。如果有足夠的助跑距離，我說不定能跳過去，但我身邊只有窄窄的一點空間。我稍微抬起頭，發現有根樹幹延伸而出橫跨過峽谷。如果我能抓住懸垂的枝條，或許能盪到對面去。對於一個曾經懸盪在無數樹枝般的高低槓上的前體操選手來說，這的確是個可行的方法。

我卸下背包，抓著揹帶的地方用力往對岸丟，安全落地。這下我得孤注一擲了。我閉起眼睛，和以往每次嘗試新動作或比賽之前一樣，想像自己往那條樹枝躍起。我彎曲膝蓋沉下身體，往樹枝的方向跳躍。

我的一隻鞋子被裸露的樹根絆住。我拚命往上伸展的手，只有手指掃到枝條。我掉了下去。身兼體操和跳板跳水選手的我，曾經從容不迫地在投身入水時——從橋墩、懸崖和其他地點——控制自己身體的墜落。突然吹來的強風或暫時失去方向感，對我來說是習以為常的事，因此我在墜落前還有時間大喊：「啊啊啊，可惡惡惡！！！」並且直覺地壓低頭，好讓自己從背部著地，並且在落進淺水溪流時，用雙腳和雙臂去拍打水面以吸收衝擊力。身體會很痛，但至少不會摔斷脖子。

我的身體砸進水面，碰觸到約莫一公尺底下的泥濘河床，感覺到一陣尖銳的刺痛。我掙扎拍水，好不容易游到了岸邊。靠著驚嚇中腎上腺素的湧發，我將自己拋上峭壁，開始往上爬，手一吋吋往上攀，腳撐在著力點上用力爬。有時會向下滑一、二公尺，但反而更激發我更加狂熱努力，彷彿我的身體被某種爬蟲類控制了一般。我的手指流血，雙膝也破皮，磨破的牛仔褲和T恤上沾滿泥土，我終於爬上頂端，氣喘吁吁地攤平在地。

等心跳開始漸緩，重新找回複雜思維的能力，剛剛充滿我全身的蠻力也逐步消退。我感覺全身精疲力盡，只能勉強坐起身來。這時我才發現，在匆忙攀爬的過程中，我爬上的是錯的那一邊懸崖——現在我又回到幾分鐘前跳躍的同一個地方。

太陽再沒多久就要下山，我現在連那根樹枝都快看不清楚了，也看不見被我丟在峽谷另一邊的背包。我已經盡了全力，但失敗了。全身痠痛、疲倦又溼淋淋的我，現在無法再嘗試一次。以我現在疲累的程度看來，只要一點點猶豫，一塊鬆動的小石頭，稍微的失手，我便會再次墜落溪中。再試的話，我今晚可能會沒命。所以我決定找個地方睡一覺，等休息過後，明天早上再試。這個晚上肯定會漫長而寒冷，沒有防水布，沒有食物，也沒有水壺。

我收拾起自憐的情緒，穿過樹叢準備找一塊之前經過的小空地。這時我看到一個模糊的黑影穿過黑莓叢。我掉到水裡，視力受影響了嗎？

我往後退一步，愣住了，我辨認出那形體是一頭熊。是我所見過最大、最駭人的熊。也或許是錯覺，因為牠距離近到我可以聞到牠的呼吸了。牠立起身體，朝我的方向怒吼——一種會讓心跳停止、血液凝結的咆嘯聲。

我轉身，像瘋了一樣地往前跑，不顧一切地衝進樹叢。我全速向前衝，一躍而起，那根樹枝像是被甩進我伸長的手裡似的，我弓身向前，速度快到我幾乎忘記放掉手中的樹枝。好險現場沒有人爲我的落地姿勢評分，我屁股重重落地，彈到堅實的地上，我的背包奇蹟似地就在我跨坐的雙腿之間。我回頭望向峽谷對面，沒看到那頭熊，但還是忍不住跪坐在地，揮拳對那個方向發出譏諷的噓聲，然後才癱倒在地。

我躺在那裡，腦中浮現某個蘇菲派密契主義者的故事：有個統治者召喚一位著名的智者進宮廷來，他說：「證明你不是騙子，否則我就當場將你處死！」

那位智者隨即進入神遊狀態。「啊，偉大的國王，我看見了金與銀的河流流過天堂，噴火的龍翺翔其上。我還看見深深的地底，正有無數巨蟒爬過。」

那國王驚訝地問道：「你怎麼能看見這麼遠的天堂，和這麼深的地底？」

「只需要恐懼，你就能辦到。」他回答。

感謝上帝，我顫抖激動地想。我的力氣只足夠我往前爬一、二公尺，和懸崖邊拉開一點距離，然後蜷起身體靠在我的背包上，深情地抱緊它，陷入夢鄉，並且做起不斷追逐奔跑的夢。

隔天早晨，又冷又餓的我小心地走下一個陡峭的斜坡，然後沿著角度較緩和的坡道往下走，就這樣推著自己往前，直到中午時分，才看到一條比較像是路的地方。又是一條不知通往何處的路，我心想，飢餓和疲倦已經讓我開始變得遲鈍。我移動雙腿，搖搖晃晃地一步接著一步，我的身體已經支撐不了，精神也恍惚動搖。

幾小時後，就在太陽朝著群山邊緣落下之際，這條路嘎然而止。

17

我步履蹣跚地走到一塊空地上，看見一片稻田，田裡的稻桿微微發亮，旁邊還有間紅屋頂的穀倉，讓我想起了俄亥俄州。正前方右邊不到一百公尺遠的地方，有間堅固的兩層樓房。房子後方，隱約可看到有個漆成白色的樓閣，還有一排小小的房舍——是最傳統的中式建築，優雅翹起的飛簷，將我的視線導向橘色的天空。我發現在其中一個大屋簷的陰影下，有個人影。距離太遠，我沒辦法看清楚他，但他正看著我。我可以感覺得到。

我聽見狗吠聲，接著有兩隻狗朝我奔來——牠們不帶攻擊意味，只是在戒備，身後還跟著一隻大肥豬。這個三隻一組的小隊，謹慎地靠向前來。其中一隻狗讓我輕輕摩挲牠的耳後，另外一隻狗也擠過來，用鼻子磨蹭我的手掌。那隻肥豬也湊過來嗅我，又呼嚕一陣後，這組迎賓代表才沿著坡道向下往回走。

我的目光掃過那棟大房子旁的一間小屋，看到兩棟建築後方有一條湍急的溪流。有個女子朝我走來。向晚的最後一道陽光，為她白色的絲質上衣染上粉紅和金黃的顏色。我意識到自己襤褸不堪的外表，徒勞地企圖拉直衣服，用髒兮兮的手耙了下頭髮。那女子在離我一、二公尺遠的地方停下腳步，橢圓形的臉蛋上有道大疤橫過臉頰——我猜應該是嚴重的灼傷造成的，頭髮繫成一條單辮，墨黑的髮色襯得眼睛格外美麗。她緩緩向我鞠躬，彷彿我是什麼達官顯要似的。她說得一口清脆、帶著英國腔的英語，而且意外地聲音比華棋來得低沉些。「我叫美寶，有什麼需要幫忙嗎？」

我連忙也鞠躬回禮後，轉身開始翻找背包，找那封應該交給程大師的信。怎麼樣也找不到，我轉過身，發現她正困惑地盯著我看。我好一會說不出話來，等開口回答時，連斷句都不會了，簡直就像那個七歲的小女孩波妮塔。

「喔，呃，我叫丹．米爾曼，我是被派到這裡來，嗯，也不是真的派來，我的意思是我是自己願意來的，但華棋建議我——」

「華棋？」她的眼光落到我背後，或許是期待看見華棋出現在我身後。等一會後，她說：「你不會是自己一個人旅行過來的吧？」

我點頭，一邊還忙著繼續翻找我的背包。「我有一封信放在不知哪裡——」

她噘起了嘴。「我怎麼這麼失禮，旅途勞頓，你一定累壞了。我帶你去今晚休息的地方，明天早上我們邊喝茶邊聊，到時你信一定也找到啦。」美寶安慰地說，彷彿我是被惡夢驚醒的小孩一樣。

她領我去到穀倉入口左側的一個小房間，清新乾淨的稻草香，蓋過馬糞堆肥的氣味。房裡有個墊高的睡鋪，旁邊是張臨時書桌，還有一個可讓我存放物品的箱子。

「抱歉這裡的環境不佳。雖然有學生宿舍，但我想你還是待在這裡比較好。」

「沒問題。」我說，「比起我最近睡覺的地方，這房間已經非常、非常好了。」

她離開後，我從背包裡拿出要洗的髒衣服，放到一邊，然後將武士雕像和卡其納娃娃放在小桌上，旁邊擺上蘇格拉底的日記和我的筆記本。

我找到華棋寫給程大師的信了——看來跟其他東西一起滑進內襯後面了。我將信壓在武士雕像底下，往後倒在稻草堆上，深吸一口氣，等待睡意來臨。但我的思緒仍轉個不停：**我為什麼要冒生命危險來到這裡？為何我沒人陪伴單獨到訪，會讓美寶感到訝異？程大師會願意收我為徒嗎？**

被頭頂上的公雞啼聲驚醒後，我換上碩果僅存的乾淨褲子，和刻意留待這種時機穿的有領襯衫，然後踏出屋外，迎接十月初的涼爽空氣。

黎明的柔和光線中，我看到排列整齊的農田。兩隻狗吠叫著朝我跑來，後面當然還跟著那隻肥豬，這群聲勢浩大的夥伴把原本在一邊的貓嚇得落荒而逃。昨天傍晚就看見好幾隻羊在吃草，現在我經過一個圍欄，發現裡面還有好幾頭豬。這裡的確是個農莊。

我看見許多頭上纏著布的年輕人，大部分是青少年，正朝田地的方向走：還有些人正前往一個應該是廚房和食堂的地方，就位在我昨晚看到的樓閣旁。那地方四邊都掛著網子，我猜是為了要防阻昆蟲。我偷偷往那寬敞的樓閣裡面窺探，木製地板上幾乎鋪滿類似日本榻榻米一樣用稻稈編的墊子，這看來需要很多勞力，花費多年時間才能完成。

再次走到屋外，我目光移到那條貫穿樓閣和大房子後方的溪流，順著水流的方向看，有道拱橋連結著房子和樓閣的入口。大房子的另外一邊是個水車，將一個個竹杯裡的水送上二樓，然後灌入某種供水管線裝置裡，利用重力讓整棟房子有自來水可用。這整個區域安靜而平和，與周圍的森林顯得截然不同，卻又和諧共存。

有人碰我肩膀一下，我嚇得跳了起來，是美寶。「請跟我來，米爾曼先生——」

「請叫我丹。」

她點點頭。「希望你昨晚睡得很好。程大師想歡迎你，因爲你是華棋的朋友。」

「我們不是眞的什麼老朋友。事實上，我們是最近才認識的……」

我們走進房裡，我脫掉靴子，突然間緊張起來。

美寶說：「放輕鬆，自然就好。」這自然讓我更加緊張尷尬，因爲我知道這不是一般閒聊，而是某種面試。

我穿上客用拖鞋，踏過明亮的雪松木地板，來到一間會客室。台山森林的大師，就等在裡面。桌上擺著幾個水碗和棉製擦手毛巾，碗邊還布置著花。

程大師身穿一件全灰的上衣，雖然身材矮小，只有一百五十幾公分高，但看上去卻氣勢十足。他一頭黑髮，但太陽穴附近的頭髮已有些花白，機警的雙眼上安著兩道濃密的眉毛。從那張不帶一絲緊張氣息的臉上，無法判斷他的年紀。

我向他鞠完躬，拿出華棋寫的信。美寶將那封摺起的信取走，交給程大師。他慢慢看著。我在他臉上尋找可能有意義的訊號——微笑，點頭，什麼都行。他對美寶說了幾句話，將信遞還給她，讓她也讀一遍。最後她說：「感謝你爲我們帶來華棋的消息。」

我等待她再多說些什麼，但她和程大師只是用審視的眼光盯著我看，偶爾用中文交談兩句。**原來如此！說不定華棋每隔幾個月就會找一個容易上當的外國人來幫她送信。**

美寶又開口了。「華棋提到，你有興趣練太極拳，而且你或許願意教導我們的學生特技。我們這裡現在大約有二十個人。」

哼，原來她的計畫是這樣，我心想，**華棋送我來這裡，不只當信差，還要兼當老師**。我很慶幸他們兩個人聽不到我心裡的話，至少，我很確定他們聽不到。不管有沒有那本日記，我現在都不是空手而來「乞求人施予洞察力」——蘇格拉底在沒受高燒折磨的情況下，遣詞用字還眞有一套。「我很樂意提供任何協助。」我大聲說道。

美寶爲程大師翻譯幾句話後，就先告退去準備茶了。

大師和我沉默地坐在那裡，等待她回來。我斜眼往旁邊偷瞥一眼，注意到他臉上突出的顴骨，爲他精瘦的外貌增添了幾分強悍的感覺。他整個人散發出生命力和能量。

美寶帶回幾碗熱騰騰還冒著香氣的白米飯，以及一些炒青菜。我等待程大師和美寶開動，但他們顯然也在等我。最後，美寶終於說：「請用餐吧。此後，每天早上你將和農作回來的學生們一起在食堂吃飯。」

我們用餐的同時，她告訴我一些每日例行的工作。「你待在這裡這段期間，每天會和公雞一起——」

「這應該不是問題。」我說著回想起今早叫醒我的啼聲。

她笑了，試著將這個笑話翻譯給大師聽，但顯然失敗了，至少從他表情看來是如此。美寶臉上還帶著笑意，繼續說：「你將要到田裡工作，或者在食堂幫忙準備午餐。然後你會聽到鐘聲，鐘聲響後，你有兩小時的休息和自由時間，下午才進行訓練——」

程大師對她說了些什麼，她點點頭，又補充說：「你將有機會學習兩個小時的太極拳，稍微休息之後，你在接下來兩個小時可以教授特技。正常狀況下，整個下午的時間都是武術課，但既然你在這裡，似乎是讓學生發展敏捷度和平衡感技巧的好機會。」

我點頭，思考自己肩負起的這個新責任。人們常常以爲，只要是學有專精的運動員、藝術家或音樂家也都可以傳授自己的本事。但據我所知，教學本身就是一門藝術，是需要練習的。我十幾歲時，就曾在一家彈翻床運動中心，協助朋友想出學習和改善各種翻跟斗的方法；後來我在大學也曾提供建議給隊友，並且多次在體操夏令營和體操治療課程擔任教練。自從擔任史丹佛大學初級體操課程的教練，以及更近期在歐柏林學院執教以來，我的溝通技巧更是逐步改善。但我從未試過（也沒想過）這樣的挑戰，在完全不同文化的封閉環境中教導一群青年男女，而且我們雙方不會說彼此的語言。

用餐完畢後——我的胃還是照例低吼著，想要更多——我們啜飲一種微苦、提神的茶。看見美寶起身，我也跟著站起來，心想和程大師的會面應該到此結束，但她比了個手勢阻止我。

「還有一件事，」美寶說，「只是個小小的測試。」她伸手從一個小銀盒裡拿出一根大頭針，將針尖插在木頭上，讓大頭針直直地立著，然後轉頭對我說：「程大師請你將這根針插進桌子裡。」

說完她坐回位子上等待。

我嚥了口口水。

18

這任務讓我想起喬爸說過的一個謎語。我想到亞歷山大大帝在面對纏緊城門、阻擋他去路的戈第安繩結（Gordian knot）時的反應。他被賦予的挑戰是要解開那個纏成一團的繩結，但向來以行動力著稱的他，拔起劍一舉將那繩結從中劈開。

所以，我絲毫沒有猶豫，集中精神用手掌全力往那根大頭針拍下，手掌與桌面接觸時發出砰然巨響。出乎意料的是，我只感受到手掌拍擊桌面的疼痛。我抬起手，看那根大頭針的狀況，發現它躺平在桌上，折成了兩半。

程大師點點頭，但臉上還是沒有任何表情。

發現我因爲沒能成功將大頭針插進桌裡而面露沮喪，美寶安慰我說：「你這是正確的反應。你的目標眞實，行動明確。如果你縮手，那針可能會刺破你的皮膚，但那針就像出現在路上的所有障礙物一樣，因爲你一心朝向目標的力量而讓路了。你專心在目標，而不是障礙物上，這正是我們面對生命的方式。」

她邊說邊站起身來，我連忙跟著站起來。然後我向程大師再度鞠躬。我離開屋子前的最後印象，是美寶安靜地穿過一道珠簾，消失在門後，只留下飄飄的衣襬。

第二天早上勞動工作還沒有開始前，美寶帶我到農莊四處看一看。當我們走到樹林的邊緣時，她提醒我要小心別走回森林裡。

「很容易就迷路。」她說。

「學生們有時會迷路嗎？」

「常常。」她嚴肅地說，「我們幾乎都能把他們再找回來。」

她帶我走到田間，指出可以到哪裡拿手套。

「看別人做什麼，跟著做就對了，不管是種馬鈴薯或練太極拳都一樣。」她建議我。「請爲你所做的一切感到自豪，我們很努力在這裡做到自給自足。你了解嗎？」

我點頭，除了她說的話外，我還有其他領悟。在這個農莊上，我發現了一個預期之外的中國，以及比毛澤東搞的那個更深刻的革命。

美寶離開後，我戴上工作手套，走進田裡，準備完成農莊和學校裡每天例行的分內工作。至少接下來大約一個月都將如此。

彎腰、鋤地、種植大約一小時後，我才瞭解要維持一塊農地成長需要耗費多大的人力。我停下來伸展身體，注意到附近有個跟我差不多年紀、肌肉發達的男人。他和其他人一樣穿著灰色長袖棉質襯衫，但身材顯得格外魁武，胸膛鼓鼓地隆起——看起來比較像摔角選手，而不是武術家。所有年輕工人頭上都綁著毛巾，腳踩著橡膠靴。我本來擔心自己的健行靴和紅星帽會顯得滑稽、格格不入，但其他人似乎都專心在自己的工作上。雖然已磨出了水泡，我還是盡力跟上他們。

勞動工作結束後，還不到午餐時間，我跟著夥伴們到小溪畔洗洗臉和手。他們偶爾會偷偷看我，一個新來的外國人。

小小的食堂超乎我預期的安靜。這些年輕人——大部分都十多歲，也有少數二十多歲的——都只是低聲交談。當我拿著食物坐到長桌大約中央的位子，附近所有人瞬間安靜下來，害羞地朝我的方向偷看，對他們來說直接盯著人看太沒禮貌了。

一時衝動之下，我啓動大學時期的人格角色，戲劇化地放下手中的碗，站起身來，然後壓著桌邊唰地一下倒立到桌上。我頭下腳上，看準後方都沒有人，於是啪地將腿放下，來了一個後手翻。然後我若無其事地，慢慢走回位置，坐下來，繼續吃飯。

一陣死寂後，食堂裡突然爆出陣陣尖叫聲和笑聲，喧鬧不停。附近的學生們對我鞠躬微笑。前一刻，我還是個陌生的外國人；但現在的我，是個特技高手。

接下來兩小時的休息時間裡，我忙著在主屋後面清洗褲子、T恤、襪子和內褲。我將衣物掛在矮樹枝上曬太陽晾乾，然後回到我的小窩，這時我才有時間開始思考。還不習慣勞務工作的我，累到沒有心思去研究蘇格拉底的筆記，一下子就睡著，直到太極拳的練習時間才醒來。

午後的太陽，正開始從漫著薄霧的藍色天空頂端，朝著遙遠西邊蒙古的方向，緩緩往下降。我踏進那棟白色樓閣，發現年輕農夫們一個個化身爲武術家，聚集在裡面。他們全都穿著一式的藍色長褲和上衣，因此我顯得格外突出，一個傻呼呼的美國佬。

美寶出現在我身邊，說道：「程大師要你接下來這幾天先在一邊觀察，直到你熟悉這裡的作息。」

我雖然失望，但也鬆一口氣。我找了個角落蹲好，看著學生們暖身。他們整齊地移動和伸展，同時嘴裡唱誦著一首富有節奏感的歌。美寶隨口解釋說，唱誦是爲了使整個團體的呼吸和動作劃一。

暖身之後，他們全都端坐著不動，閉上眼睛，進行好幾分鐘緩慢的深呼吸，後來美寶告訴我，在深呼吸的同時還要觀想自己希望達成的目標。所有人同時起身，開始打起太極拳的招式。我發現，程大師督導學生的方式顯得相當悠哉。他只待在房間最前面，由美寶在學生之間巡走，偶爾才回去和大師交談幾句話。

課程一結束，美寶告訴我一些太極拳的歷史，讓我清楚即將接受的訓練的來龍去脈：「太極拳術源自位於鄭州少林寺附近的陳家溝。原是陳家長工的楊露禪，是陳氏家族以外學習這種拳術的第一人。據說他將這種拳術融會通透之後，去到首都北京，打敗眾多禁衛軍，以楊無敵之名聞名天下，最終發展出獨特的楊家太極拳。

「據傳，楊露禪對外只教授一些表面的套路，楊氏太極的內涵精髓只傳給自己的子孫和最親近的入門弟子。剛巧，華棋所拜的師父，正是這個門派在清朝被推翻之際所傳承的徒弟之一。這位師父在華棋遇見他時，年紀已經相當大了，他迫切地想將自己的一身功夫傳給她，一個有志向學的習武者。」

美寶轉身對著我說：「你首先必須學會一百零八式的套路，直到你能掌握六大基本原則：放鬆，軀幹豎直，兩腿重量的虛實，美人手，旋腰，手臂與軀幹同步合一。這些基本要求很重要，也是內在訓練的基礎——它能敞開身體和神經系統，讓來自天與地的能量沿著經脈匯聚、增強，進而增進你的健康和能量。這也就是爲什麼這種在一般人看來像在跳舞一樣的拳法，會被稱爲太極拳，也就是終極拳法的意思。」

接下來的日子裡，我逐漸適應農莊的作息和節奏。每天晚餐後，我便回到自己的小空間裡，研究日記，並且開始在自己的筆記本上做些粗淺的筆記。

某天早餐結束後，我終於有機會和美寶多聊一下。我對一起工作的夥伴和學生很好奇，便問道：「這些年輕人都是從哪來的？他們是怎麼找到這裡的？」

「華棋有很多門路，其中包括幾所孤兒院。」她解釋說，「她特別挑選了一些不太可能被收養，但帶有很強能量的孩子，邀請他們來農莊。這不算完全合法，但有關單位現在一心一意投注在『大躍進』上，根本沒空去搭理少數幾個流浪孤兒發生什麼事。如你所見的，這些學生對於能來這裡用工作換取糧食和學習太極拳，都心存感激。任何選擇離開的人——最終大部分的人都會離開——到時都能擁有農事或教授太極拳的技能。或許，在你的幫助之下，他們之後也能表演或甚至教授特技。」

我懷疑自己待在這的時間，恐怕不夠長到可以學習或教授太多東西，但並沒有將這想法說出口。我問：「有任何學生選擇提早離開嗎？」

美寶猶豫了一會才開口說：「不是所有人的性格都適合這裡的生活。幾年前，有個年輕女孩決定回到她在廣州的家鄉，我還陪著她到台山村，幫她安排回家的路程。還有……就在你抵達前不久，有個叫李成的年輕人逃跑了。我只希望他能找到路走出森林。」

「希望如此。」我想到那頭熊，還有自己一路艱辛的旅程。

為了改變話題，我問道：「華棋寫給程大師的信裡，有提到任何和我旅行有關的事嗎？」美寶看上去一臉困惑，因此我跟她提起一些我公務上的目的，以及——之前歷險的遭遇我就省略了——蘇格拉底的事，還有我正在尋找的隱藏的學校。

「你覺得這裡可能是你老師提過的那所學校嗎？」她問，聽起來似乎不以為然。

「我真的不知道。」我說，「但我人在這裡了，直接和台山森林的大師學習，感覺上就很像我老師會鼓勵我做的事。程大師私下收過徒弟嗎？」

我隱約看見美寶嘴角上揚露出微笑，但笑容一閃而逝。「應該沒有，」她邊回答邊站起身來。「但你對他有興趣，我相信他會很感謝。看來你只能勉強接受我的建議——當然，還有其他同學所能提供的啦。」

隔天，我被邀請加入下午的太極拳課程。我知道佛教徒說「痛苦緣於比較」，但我還是忍不住非比不可，我這個初學者掙扎費勁的姿勢，和進階的同學們優雅的動作比起來，還眞是對比鮮明。美寶翻譯程大師的提醒，要我先專注在正確的姿勢和動作上，等我準備好再進行內在的訓練。以我現在進步的速度來看，恐怕是永遠做不到，我心想。

過一會後，美寶請想在下午第二節課跟著我學習特技的人舉手，結果所有人都舉手了。就這樣，我從笨拙的太極拳學生，一下子變成了——照程大師的原話——「卓越的特技老師」。

結果，在這裡的教學比我想像中輕鬆有趣得多。美寶總是待在旁邊，學生們也守秩序又專心。我講解，美寶翻譯，我示範，他們模仿。同時間，程大師也安靜地坐著，將一切看進眼底。最棒的是，美寶也換上她的白罩衫一起加入，成爲我的學生之一。

她和其他學生都熱愛嘗試各種新動作，像是平衡、翻滾、側手翻，沒多久後，還試了最基本的翻跟斗。和招式固定的太極拳不同，特技動作的可能性是無窮無盡的。

「詩和書法是精煉的書寫，」我透過翻譯說，「歌唱是精煉的說話。同樣的，特技是日常動作的精煉，擴展身體敏捷度和平衡感的限度。」

我注意到，那個與我同年、胸膛寬闊的傢伙正看著我，聽得很專心。在示範動作結束後，我和他眼神交會，他抱拳，用傳統武術的方式向我行禮。

練習結束後，他將手放在我肩膀上，示意我跟他一起走去用餐。他熱情地搥搥自己的胸膛說道：「陳漢！」我也學泰山一樣搥搥胸口，報上自己的名字。他再次搥自己的胸口，發出低沉的喉音，這是種特別的笑聲，我之前已經聽過好幾次。

他和我一起走進食堂，共進晚餐。在這之後，我們就經常一起工作，肩並肩吃飯，雖然兩人對彼此的語言幾乎一竅不通。其他的學生年紀較輕，都把陳漢當成老大哥。即使在農作時，他依然一派悠哉，散發出一種樂觀愉快的氣息。

有天早上，我在主屋後面閒晃，看見陳漢正靠在一塊木頭上做倒立撐體，臉上帶著堅毅的表情。他發現我走近，隨即停止，滿臉笑容地腳落地站好。我請他做另一種倒立動作，他照我說的做出來，完成後還來個後滾翻起身。我選派他做為助教，很快就發現他有天份，可以在其他學生進行翻跟斗的基礎動作時，察覺缺點並予以協助。他還點名另外兩個也有些特技基礎的學生加入示範的行列，並且幫助其他人。

我一直覺得，不管是基因還是運氣使然，某些人先天擁有的能量似乎就是比其他人高。總而言之，陳漢就是這樣的人。他的活力和興高采烈的氣質，很能激勵我，但有時也讓我沮喪。我曾經藉著美寶的翻譯問他，爲何他總是滿臉笑容。他發出低沉的笑聲，用中文對她說了句話，美寶微笑地翻譯說：「只是個壞習慣。」

每日固定的工作、練習，不僅讓作物生長，糧倉滿滿，也精進了太極拳和翻滾的技巧。每逢週日，我們會縮短農作的時間，將當天剩餘的時間用來修理器具、完成瑣碎的雜務和縫補衣服。

美寶偶而會離開農莊，去幫程大師或生病的學生採集草藥。她每個月也會到村裡一趟——「買些必需補給品，順便探聽些關於政治情勢的『小道消息』。」她這樣告訴我，「到目前為止，我們還未遭混亂的情勢波及。」

在這個隱密的農莊中，政治的世界似乎相當遙遠。

一段日子後，在某個颯爽的秋日，陳漢比手畫腳地邀請我和他一起到主樓閣附近的森林去走走。他帶領我走過一排樹林，我看著他撥開林中小廟旁一團糾結的樹枝，露出一條隱藏的小徑，從那裡再往前走不到五十公尺，我們來到一個水晶藍的小湖泊邊。這裡讓我想到麻塞諸塞州的華登湖，那個讓梭羅找到平靜與靈感的地方。

我們緩緩地繞著湖畔散步，延伸而出的枝幹在水面形成遮蔭。碰到低垂的樹枝，我們便彎下身，踏在落葉鋪成的地毯上前進。雖然都沒開口說話，但我感受得到無聲傳遞的訊息：藉著與我分享這片他摯愛的地方，陳漢讓這份跨越語言及文化差異的同理心和友誼更加深刻。

同時，在進行教學任務的時候，我持續改進指導的方法，讓學生們可以眞正受用。我在擔任專業體操選手的教練時，老是會針對技巧進行詳細的說明，直到隊上一位曾在日本受訓多年的奧運選手打趣地告訴我：「我發現，日本教練會告訴你一件事，然後要求你練習一百遍，但美國教練則是告訴你一百件事，但只要求你練習一次。」想到這個誇張的機智玩笑，我決定精簡說話的長度，也不必佔用美寶的練習時間來爲我翻譯。幸運的是，當我爲學生的正確動作打好基礎後，他們的學習便漸漸自行出現進展。武術界有句話是這麼說的，「一日爲師，一日爲徒」，他們就這樣自然而然地，同時扮演彼此的學生和老師的角色。

我並沒有忘記自己來此的最重要目的——將蘇格拉底日記中的筆記和大綱，一頁一頁地，轉化成我自己的筆記。這目標在我心中越沉越重，直到我知道自己非開始不可了。**快了**，我告訴自己，**就快了**。

幾天後，在訓練結束的時候，我決定和學生分享一個重要的訊息。我提醒他們，不僅將生命奉獻在練習上，也要將訓練實踐在生命中，特技訓練培養的不只是身體的敏捷度，還有靈活的心境。我教他們一首用來暖身的簡單英文歌，並且請美寶翻譯，讓他們了解每一句歌詞的意義。之後，在每次練習開始前，我們都會唱「划，划，划你的船」（Row, Row, Row Your Boat）。

「在我的國家，許多孩子都會唱這首歌，」我說，「但很少有人知道歌詞裡隱藏的眞理。你們將會體會到，這些眞理不只可以應用在特技或太極拳的訓練上，也適用於每個人的人生。歌詞提到『划，划，划你的船』，提醒我們生命不是建立在正面的思想或感覺上，而是不斷的行動和努力。只是想著打算做一件事，等於沒去做。我們的生命是由我們實際的作爲——划動我們的船——所塑造的。只有不斷地努力，才能在訓練或眞實生活中帶來結果。」

有位學生舉手提到一句中國諺語，一開始還有點害羞，但越說越熱情昂揚：「靠著時間和耐心，就能用一根湯匙移動一座山，這就叫『愚公移山』。」

「完全正確！」我說，耳邊彷彿迴響著喬爸的聲音：「正確答案！」

「接下來的歌詞是『緩緩沿溪下』（gently down the stream），是提醒我們避免無謂的壓力，要順著『道』，也就是順著生命的自然起伏流動走——」

「也就是我們中國人說的『無爲』。」美寶補充說。

「接下來的『快樂地，快樂地，快樂地，快樂地』（merrily, merrily, merrily, merrily），是重複提醒我們用愉快的心情來生活，不要那麼嚴肅，用學習特技時開心玩樂的態度，來解決日常生活遇到的難題。」

我邊說，邊倒立拍起腳來，學生們興致勃勃地跟著做。我聽見學生群後方傳來陳漢低沉的笑聲。

「最後，來到最後一句歌詞：『生命只是一場夢』（Life is but a dream），大家就趁著晚餐時間互相討論一下這句話的意義吧。」

在學生離開之前，我要求他們聚到我身邊，說了一個道家的故事：中國有個名叫周序的工人，每天都要划著他的小船渡過汾河去上工。「每個早上，」我說，「周序都得逆流而上，但回家的路就輕鬆許多。有一天，當周序划著槳逆著水流往上的時候，突然感覺一陣搖晃，原來是另一個船夫的船撞上了他的小船。周序對那粗心的船夫揮著拳頭大喊：『你看好路啊！』他心想這些人應該要小心點才對，一邊花了好幾分鐘才冷靜下來。他才剛平息了怒火，沒想到又是一陣搖晃，另一艘船也撞上了他的船。他簡直不敢相信！現在他真的是怒氣沖天了，他轉頭想斥責那個白癡，但眼前的景象讓他說不出話，怒氣也瞬間消散，原來撞上他的是一艘空船，一定是纜繩鬆脫沿著河流漂下來的。

「你們覺得這故事代表什麼意義呢？」我問，美寶帶著微笑翻譯。

學生們彼此討論了一陣，其中有個學生說話了。美寶告訴我：「梁海說，我們必須把所有人當做空船一樣對待。」

我微笑，贊同地點點頭，這顯然讓學生們感到很自豪，而他們的表現也同樣讓我驕傲。

稍後，我看見他們在食堂裡熱絡地討論著，美寶告訴我：「他們正在認眞地討論生命怎樣可以成爲一場很棒的夢。」

19

教導這些認眞的學生，好像讓我重新投入日記的事變得簡單了些。我持續研究蘇格拉底的筆記，企圖找出一個主題的線索。這是我第一次開始相信，除了分享特技和兒歌之外，我或許眞的有什麼其他才能。完成這本日記，將會是一個開端。未來我可能會再寫些其他東西。

我腦海中浮現蘇格拉底的笑臉。有一瞬間，我眞的感覺到他的存在。

在我準備認眞動筆的那個晚上，農莊一片平靜。隔天早上，我發現田地和飛翹的屋簷上全都蓋滿白雪。這年的冬天提早降臨了。時間已經過了兩個月，看來華棋——如果她眞的打算來接我的話——春天之前是不會來了。

我向美寶透露我心中的擔憂，但她只是聳聳肩。她和程大師都沒辦法將一個美國人安全送回香港。倘若華棋眞的等春天雪融後才來，我還是有時間完成日本之行，因爲我可以等到六月才返回俄亥俄州，想到這裡我才稍微放下心來。

隔天晚上，我迅速用完晚餐後，便先行告退回到穀倉。我摸著黑走到小桌旁，翻出我的火柴盒，擦下火柴後，房間亮起，我小心翼翼地點燃油燈，然後打開日記。我照著蘇格拉底寫的，抄錄下一段短短的段落，那應該是他在尚未發高燒之前寫的。他寫道：

在經過一段長期的準備後，整個生命躍然眼前。不只是日常生活，而是一片更宏大的生命領域，所有智慧於此萌芽，而其基礎來自於對詭論、幽默和改變的領會。

詭論、**幽默和改變**。我回憶起蘇格拉底多年前給我的名片上，就印著這三個詞，那名片我到現在還保存在皮夾裡。好幾次，我都忍不住想利用那名片來聯絡他，他曾保證過他會以「某種形式」出現，來「提供我指引」。**或許現在他就化身爲程大師吧**，我心想。我打開皮夾，抽出名片，現在它的邊角已微微捲起，看起來很普通，不再散發著光芒（曾經有過嗎？我已經無法確定）。我將它塞回皮夾，做爲紀念過往共度時光的信物，將心思轉回蘇格拉底的筆記和我的書寫。

我想到日記裡有些零散的片段也提到相關的主題，那應該是他在發燒後寫下的：

> 改變：一物生，一物死。幽默：真正的幽默是超越笑話和笑聲的。放鬆的接受，不嚴肅……生命是遊戲。詭論：通往智慧的大門……看來自相矛盾的，都是真的……佛教的五諦……狄更斯的最好的時代……納斯魯丁[1]，你說得對……四個關鍵領域……必須理解，妥協。

蘇格拉底顯然想要闡述這些想法。**如果他能夠用比較完整的段落表達，會怎麼寫呢？**我思索著，我能領會他的意思嗎？我的心思像我所面對的頁面一樣空白。

然後我開始思考，**要是我想和學生們分享蘇格拉底的想法，該怎麼做？我會如何表達呢？**這些浮在半空中的問題，促使我邊讀邊寫，反覆琢磨，化成在筆記本上的字句，我決心要在他如叢林迷霧般的筆記中找出一條前進的路。

當我感覺已竭盡全力的時候，回頭再反覆看自己寫下的東西，裁減增補，彷彿這作

1 譯註：納斯魯丁（Nasruddin）是土耳其的智者。

品擁有自己的生命力，而我自己在其中消失無蹤。

終於，在深夜時分，我重新讀過自己寫下的字句。雖然蘇格拉底的名片上依序寫著詭論、幽默，再來才是改變，但我選擇將詭論留到最後，先從改變開始：

生命是海洋，送來一波波**改變**的浪，無論你是否歡迎。如同勇士之皇奧里略[2]所寫的：「時間是一條由各種發生事物所構成的河流。你看見一件事情發生的同時，它已被沖走，由另一件事所取代，而這另一件事物也隨即流走。」而將備受呵護的童年以及苦行出離盡皆拋諸身後，達到光明境地的佛陀，則觀察到：「萬物起時滅，與之和平共處，方能安然。」

幽默，以其最深層的意義來說，超越了瞬間釋放的笑聲，而要培養出一種安然、放鬆的態度，去面對生命中偶發的或大或小的挑戰。當你透過幽默的濾鏡去看世界，彷彿置身遙遠的山巔，你會發現生命是一場遊戲，你可以帶著平靜的心和戰士的精神，將它好像當一回事般地優遊其中。你可以和世界維持聯繫，但同時又能保持超脫，看透如戲劇般的人生。

詭論，指的是所有自相牴觸，但在深究之後，可以證實為有所本或確為事實的觀點。一旦了解之後，便能開啟通往更高智慧的大門。但彼此相斥的原則，怎麼可能都是真的呢？

有個關於佛教五諦[3]的偈語是這樣說的：「是對，是錯，也對也錯，也不對也不錯。一切同時並存。」

狄更斯描繪他所身處的那個時代的矛盾，放到現在來看仍是真理：「這是最好的時代，也是最壞的時代；這是智慧的時代，也是愚蠢的時代。」他接下來還繼續寫道，那是一個信仰與懷疑，光明與黑暗，希望與絕望的時代。

兩種對立的主張，依觀察者的不同，都可能是真的：從深陷蛛網的小蟲子的角度來看，蜘蛛是無情的殺手，但對大部分人類來說，幾乎所有蜘蛛都是無害的生物。

從下面這個故事，可以看出蘇菲教派智者納斯魯丁是如何表達詭論的本質。有兩個意見相悖的人來請求仲裁，他聽完第一個人的陳述後說：「你說得對。」等聽完第二個人的說法後，他也說：「你說得對。」這時一個旁觀者說：「他們不可能兩個人都是對

2 譯註：奧里略（Marcus Aurelius），羅馬帝國時期著名的賢君兼思想家，著有《沉思錄》。
3 譯註：諦是佛教中真理的意思。

的。」這位智者抓抓頭說：「你說得對。」

讓我們更深入，思考一下四組重要詭論的真理：

＊時間是真實的。時間從過去移動到現在，再到未來。

＊時間不存在；沒有過去，沒有未來，只有永恆的現在。

＊你擁有自由意志，因此必須為自己的選擇負責。

＊自由意志是幻象——你的選擇會受到影響，甚至是由之前發生的一切所預先決定。

＊你是，或者你擁有，一個存在於軀殼之內的獨立內在自我。

＊沒有獨立存在這回事——你只是同時閃耀在億萬雙眼睛中的那個意識的一部分。

＊死亡是你在生命終點必將面對的現實。

＊內在自我的死亡是一個幻覺。生命是永恆的。

你一定要選擇其中一個論點，然後否定另一個嗎？或者有沒有一個辦法，可以有效解決，甚至讓兩個明顯衝突的悖論彼此妥協呢？以下將針對這個問題提出說明。

我往後癱坐，心靈的勞動讓我既興奮又疲倦。**這些字句究竟是我的，還是他的呢？**我不禁納悶。多年前在加油站，蘇格拉底就曾向我指出過其中幾個詭論的眞理。即使到了現在，根據現實生活經驗的判斷，我還是認爲每一組中只有第一個論點是眞的——時間是會過去的，自由選擇是存在的，我們是（或擁有）一個內在自我，還有我們每個人都會死。

懷著這些思緒，我吹熄油燈，躺下睡覺，深深吸進如中國薰香般滲透在每一吋空氣中的稻草和泥土香味。

隔天早上，我大部分時間都在一塊新開墾的土地上，幫忙移除石頭。我看見程大師出現在遠處，正往我的方向看。**我不能就這樣直接過去請他給我一對一的指導**，我心想，**但要是他看見我工作有多賣力，心意有多誠懇的話……**我加大步伐，發出嘿吼聲，不時擦擦眉毛上的汗，以顯示自己的賣力。我往大師的方向瞄一眼，結果發現他剛好轉身走進屋裡。

稍晚的時候，陳漢從我們一整個早上堆積起來的石頭裡，挑出一塊大的，放進我懷裡，示意我跟著他走。他也搬著一塊石頭，帶我走到溪邊，將我們搬來的兩塊大石頭放進水底。一整個漫長的早上，就這樣來來回回，靠著一塊接一塊的沉重大石，我們漸漸築起一道一、二公尺高的水壩，頂端留著一個開口，形成了一個瀑布。我們兩人在冷冽的氣溫中，仍然滿身大汗。都累到快垮了，陳漢的微笑和樂呵呵的態度格外讓我惱火，直到我聽見那首歌的歌詞從我心底揚起：「緩緩沿溪下……」

我回到穀倉，發現已經有人爲我準備好冬衣放在那裡了——新的羊毛褲和一件厚棉外套。看來至少還是有人感激我的辛勤付出，雖然不是程大師。

隔天早上，我看見美寶往森林裡走，旁邊還跟著一個學生。

到了下午，美寶還沒回來，因此練習時是程大師一個人站在那，看著我們打完所有套路。我可以感覺到自己的進步。現在我已經比較適應體內能量的流動，能感覺到指尖的暖意，這代表我的關節和肌肉都打開了。我知道，這不是什麼深奧的成就，而是專心練習以及重複提醒自己放鬆的自然結果。程大師在看著，但我不多花一絲不必要的力氣，讓動作開展出來。和往常一樣，他很少說話，而且從來不是對我說。

美寶在特技訓練課程開始前回來，我問她去幹嘛了。「採集草藥。」她說，「這一趟下來每個學生都知道該到哪採了。」我希望待在這裡的日子裡也有機會跟著她去，但我了解，中國學生有優先權。

下午生氣勃勃的翻滾訓練，剛好完美地與注重內在而動作緩慢的太極拳形成互補。為了盡可能加大這樣的反差，我嘗試用各種活潑的動作來製造趣味。因此，在課程快結束時，我透過美寶的翻譯，提議讓陳漢和另一位一樣年紀較大的學生，利用一長排的厚墊進行比賽。兩人同時開始，另一個學生要沿著翻滾墊旁快跑，一直跑到盡頭，陳漢則在墊子上衝刺一小段後用一個翻滾背過身體，然後立刻接著一連串的後空翻，在翻滾墊上快速前進。

我提出問題：誰會贏得這場比賽？學生們興奮地圍觀。陳漢以一秒之差贏得比賽時，所有人都大聲歡呼。大家都想輪流進行同樣的比賽——就算美寶沒說，我也看得出來，他們翻跟斗的動作沒多久後都變得更輕盈、更快了。

20

日子在農作、武術和特技訓練中忙碌地度過，但我心中無時無刻不在反覆思考蘇格拉底在日記中想傳達的重點——詭論。一開始，這些矛盾的論點讓我感覺不太舒服。直到有一天，當我全神貫注地看著學生們在空間裡飛快穿梭時，心中忽然有個念頭——像是理解就要萌芽的第一道微光——成形了。當晚我回到桌前，甚至還沒翻開筆記本，就已經知道自己想寫什麼，必須寫什麼。我寫了又修，寫了又修，一直到凌晨時分。

我將日記放到一邊，準備等隔天早晨再去讀自己寫的東西，看看在蘇格拉底的引導下，我的筆究竟將我帶到何方。

要想調和那四個人生中重要的詭論，接受彼此相異的真理，有一個方法。為了要達成如此的躍進，便要以一個所謂的自我——有出生有死亡的自我——為中心，去思考這所有的矛盾。

你在面對每天的日常生活時，無不以似乎根植於腦中不知何處的「我」做為認同的對象。但如果這種內在自我的意識只是一種幻覺呢？這樣的發現底下可能埋藏了什麼？為了更進一步理解，讓我們來探索與你的自我認同同樣真實的另外一種幻覺。

現在這一刻，你坐著或站著的所在，是某個看起來、感覺起來像是固體的東西，一個真實的東西。當你與人握手，或擁抱所愛的人，或只是簡單地打開門走進別的房間，你會感覺自己好像有身體上的接觸。但現在我們都知道，所謂的固體，是由原子組成的分子所構成，而原子內部大部分都是空的。沒有任何物體是真正地彼此接觸——一般定義下的碰觸——而是彼此的能量場之間產生互動，就像太極拳的推手一樣，拳伴間彼此交替地堅持與接受，巧妙地運用動態的能量。

我發現自己無意識地戳著桌面，無法忽略它真實與堅硬的觸感。但提到空間與能量場，我不由得回憶起多年前曾和蘇格拉底一起體驗過的奧祕與神奇。我繼續往下讀。

你可以想像原子能階是怎麼回事，但你無法真的遨遊其中。然而當你開始思考，現實或許與你以平常知覺所感知的有所不同，有些深層而微妙的東西就產生了變化。一道裂口打開了。如果你往裂口裡看，從那個宇宙內襯上的小小裂縫裡，一個全新的視野便可能就此出現。

在古印度，有個流浪漢在森林中遇見了佛陀，但並不認識祂。「你是巫師嗎？」他問。佛陀微笑著搖頭。「那你一定是國王或偉大的戰士。」佛陀再次否認。「那為什麼你看起來和我見過的任何人都不同。」流浪漢問。佛陀正對著他，凝視著他的眼睛說：「因為我是醒著的。」

如此的覺醒，正是大部分性靈修煉所追求的首要目標。這樣的覺醒在各個宗派有不同的稱呼，三摩地、開悟、頓悟、解放，全都與看透所謂內在的自我有關。為什麼有這麼多人都在渴求這樣的覺醒？或許是因為我們對於死亡的各種化身充滿了恐懼——摯愛的人的死亡、希望的死亡、意義的死亡、身體的死亡和自我的死亡。

但在你能夠覺醒之前，必須要先發現自己在某種意義上是睡著的——在嘗到超凡的經驗之前，你一直都沉睡在共識的現實（consensual reality）之中。即使是一絲絲的微光，也足以改變生命。你不需要完全開悟，也能找到解脫。就算只是再平凡不過的一天，一個認知上的微小改變，便能在世俗與超凡之間搭起橋樑，讓你從對死亡的恐懼中暫時解放，開啟通往永生的大門。

在開悟之前，先練習開悟，我心想，還真是個全新的概念。真的是新的嗎？那蘇格拉底一直試圖告訴我的是什麼呢？看透這個獨立的內在自我——這本身便意味著某種死亡——究竟又是如何能讓人逃脫死亡，通往永生呢？這又是另一個詭論，另一個謎題。

21

到了二月初，我們從事的大多是室內的勞務，主要是些修理和維護的工作，以及確保動物受到妥善的照料。我們儲藏、曬乾更多的食物，或準備埋到雪地底下的戶外冰櫃。

沒多久後，凍人的寒風橫越毫無遮蔽的華北平原直掃而來。冬天乾燥、塵土瀰漫的季風，由蒙古和遙遠的戈壁沙漠吹來，有時候感覺比俄亥俄州凍得刺骨的冬天還冷上許多許多。到了夜晚，燒著木柴的小爐子可以驅趕風帶來的寒意，但面對漫天的沙塵，我們就一籌莫展了。

在太極拳課上，我們開始加強推手的練習，兩兩一組爲拳伴，輪流扮演進退與攻守的角色，一進一化，像我們之前學過的，從虛到實的變換。兩人中比較放鬆的一方能輕易地將對方發跌出去，由後面其他學生接住。我過去對於推手沒怎麼接觸過，好幾次一被同組的拳伴察覺到有點緊繃，就會被推得倒退好幾步。這比以往所有的練習挫折感都來得大，讓我感覺自己一天比一天笨拙。

同時在這段期間，我也發現寫作變得益發困難。回顧起來，在剛開始的那幾個段落，我下筆似乎還算容易。現在有時候光是一兩個句子，就要花上我一整晚的時間。

雖然太極拳和寫作都讓我備感挫折，但在特技訓練時，我總能在學生身上找到推動我前進的榜樣，更別說還有善良的陳漢帶來的鼓勵了。有一次，他和我互相幫忙對方做伸展運動，我甚至瞄到程大師臉上罕見地露出讚賞的微笑。不過右大腿疼痛的肌肉，讓我無暇享受這難得的時刻，這個多年前摩托車車禍意外造成的舊傷，一直沒有完全痊癒。

風難得有停歇的時候。當冰冷的颯颯聲響轉爲怒吼，狂風夾雜著塵土和雪襲來，農莊原有的風采幾乎不見蹤影。在偶爾安靜下來的片刻，我會閉上眼睛，躲進回憶裡，躺在加州溫暖的沙灘上。

有天早上我醒來時，整個人快凍僵了，不得不在房間裡原地跑步來取暖。後來陳漢和我養成了一個習慣，常常共享一壺茶，並且中英文交雜著聊天。中文裡同一個字如果不同音調，意思就不同，這對我來說相當困難；陳漢則覺得英語的發音特別難駕馭，比如說他本來要問的是我想不想吃「點心」（snack），結果卻說成想不想吃「蛇」（snake）。不過靠著簡單的圖畫幫忙傳達，我們幾乎都能瞭解對方的意思。

隨著太極拳課程持續進行，我在練習套路時拳式動作開始可以比較精確，並且達到較深層的放鬆狀態，偶爾會體驗到體內有股能量在流動。當較明顯的表層緊繃感消散之後，我可以更敏銳地感知到身體深層細微的緊張狀態。慢慢地，我的推手技巧逐漸有改善的跡象。但每當我自以爲可以駕馭某些東西時，無論那東西多麼微不足道，就會有人推得我飛出老遠去。

等華棋出現時，我能有實質的進步嗎？**要是能有機會和程大師一對一學習就好了！**但看來希望渺茫。就算是最強的學生也都是彼此互相教學而已。我很感激美寶，她至少會常繞到我身邊，總是幫忙翻譯我的疑問以及解釋一些微妙的癥結。

有天晚上用餐過後，我突然間情緒惡劣，問美寶：程大師要怎麼避免讓這個地方變成某種極端的信仰組織。「畢竟，」我說，「這個孤立的農莊只服膺於單一權威，一個有號召力的領袖……」

美寶眉頭緊鎖，說她會去問程大師這個問題。

第二天她帶來了回覆。她輕揮手臂，掃向穀倉、田地、小房舍和樓閣。「從某種角度看來，我們的確像是個宗教組織。但這裡看起來邪惡嗎？這些學生被催眠了嗎？他們生了病、不快樂或被剝削了嗎？還是說，他們在付出的同時，也有所收穫呢？用你的雙眼去觀看，用你的心去感受。然後，或許你也可以用頭腦去思考。」

她接下來的話相當率直。「如果你看看農莊以外的中國，你會發現幾百萬[1]的人民都活在『偉大舵手』的絕對權威之下，他說的話所有人都要大聲背誦。專制的命令和公告，操縱和宣傳。兄弟背叛兄弟，孩子背叛父母，夫妻彼此反目，爲了得到最高領導人的讚賞，所有人都爭先表達自己的熱忱和無條件的忠誠。那才是你所謂的極端信仰，在那裡神就是國家，而國家是屬於某個人的，由立場與他一致的人奉承著，否則就會受到整肅。」她說到這裡忽然打住，我不確定她是否原本便打算這樣坦率直言，甚至帶著些激烈意味。「程大師和我都相信，我們的人民一定會度過這段時期，讓它走入歷史。」

「這些話是程大師說的，還是妳說的？」我問，話說出口才覺得有點太直接。

「不管是誰說的，」她從容地回道，「它都是眞的。」

1 譯註：根據資料，一九七四年的中國人口已超過九億。

晚餐結束我回到穀倉後，她最後那句話還在我腦海中縈繞不去。在繼續動筆前，我先重新讀過幾星期來我好不容易完成的寥寥數頁筆記。

在嬰兒時期，你曾意識到有個內在自我嗎？或者這個身分認同感和社會習俗一樣，是透過學習而來的？在剛出生的一、兩個月裡，純粹的認知存在於一種統一無差別、如白日夢的狀態，就像在一灘毫無邏輯、沒有意義的混沌感覺中游泳。但逐漸地，在出生後的幾年內，一個新的「你」開始理解，當父母指著你的身體或對著你叫喚一個名字時所代表的意義。

所有處於認知擴張狀態的孩子，在蹣跚學步的同時，也都學會了以一個所謂的「我」為中心來整理他們的感受。不過等長大成人後，你在保留經驗的智慧的同時，也有辦法找到路重回那個純粹無染的伊甸園。你甚至能學習在兩個世界間來回穿梭。無論是靈性大師、藝術家、園丁、醫生、美甲師、學生或乞丐，不論在任何時刻，不管為了什麼理由，全都能找到某些他們難以形容的東西——渴望將自己提升到更高的層次，好領悟自己生命中的真相和機會。

一開始，我感覺自己的疑惑逐漸消散。可是，我詮釋蘇格拉底的想法然後寫下，眞的達成了什麼嗎？蘇格拉底或許能瞭解我寫的，但如果換成另一個讀者會怎麼看？**人眞的能夠在兩個世界之間來去自如嗎？**我往前翻回幾頁，重讀之前寫的。

你不需要完全開悟，也能找到解脫。就算只是再平凡不過的一天，一個認知上的微小改變，便能在世俗與超凡之間搭起橋樑，讓你從對死亡的恐懼中暫時解放，開啟通往永生的大門。

雖然這是蘇格拉底的領悟加上我小心字斟句酌所寫成的，但我仍忍不住要懷疑，這些超凡的概念只是我不切實際的推測——不過我不允許自己這麼想。我們共同進行訓練的那段日子裡，蘇格拉底告訴過我許多乍聽之下極古怪的事，但後來我才感覺那些話比我年輕時上過的所有課都要眞實且重要。那些回憶太鮮活了，感覺彷彿走到隔壁就能看到他那間加油站一樣。懷著這樣的心境，我決定要解決一個比較困難的概念——處理自我認同的問題與詭論，釐清其利與弊。

無論你自我認同於男人、女人，或是某個特定職業、俱樂部、部落或宗教的成員，都會帶來一種被包含和納入群體的感覺。然而凡是有包含就有排斥，有自我就有他者，有我們就有他們。

你每天都要運用家人、朋友、愛人的身分，產生各種情感的連結。你對於文學和電影裡角色的認同，讓你得以沉浸在故事的世界中，而一生中恐怕有好幾千次這樣超越自我的狀態。你會對故事裡的某個角色產生認同，但同時很清楚自己並不是那個角色，相同的道理，你也可以識破，其實自己在日常生活中也是在扮演某個角色。

理解到這個事實後，這世界的結構便出現一道裂口，讓你得以看透。如此你就可能擁有一個自我，卻不受其禁錮地生活。自由、自發的生命將由此展開，在這樣的生命中，一致性不再那麼受重視，期待不再那麼令人在意，自我超越不再只是可能而已，而是一種常規。

當有限的自我——孤立、永恆不變的自我——的邊界變得透明、可滲透，那麼死亡的概念也就變得比較脆弱、不牢固，容許各種疑問和演繹了。你失去的可能是實際上根本不存在的東西——當你出現這樣的想法時，會有什麼影響呢？

又是幾個星期過去了。我知道不可能連絡上，但還是常常想起女兒。我想像著，等我們再度重聚後，自己要成爲怎麼樣的父親。在酷寒的二月底，當積雪稍微消融一點後，美寶邀我陪她一起前往台山村，到那裡得走上半天的路程。我先寫好在香港買的那張明信片，或許有機會寄出。

隔天天剛破曉我們便出發了，前進的速度很快，不時彎身避開低矮的樹枝，或跨過地上的落木殘幹。美寶顯然完全不擔心會在森林裡迷路。有時路變得十分狹窄，我只能跟在她身後走。

「妳爲什麼總是自己走這麼大老遠的路呢？」我問她，「不能讓鎮上的人送妳需要的東西來嗎？」

「不可能，」她說，「你也知道的，要找到我們不容易。」

「我就找到啦。」

「你是命中注定的。」

「妳相信這個？」

她沒有回答。

等我們能再度並肩走時，她放慢了腳步。我問了一些關於她個人的問題，譬如她是從哪來的，是怎麼學英文的。

一開始她沒說話，也許是在思考該分享到什麼程度吧。接著她有點遲疑地開口了：

「我出生在香港，童年的記憶很快樂。當我六歲時，我跟爸媽住的出租公寓發生了火災。當時已是深夜，其他人都在睡覺，我有時會從被窩裡爬出來在地上玩，火燒起來的時候，一根燃燒的樑木就剛好落在我的空床上。」她說著伸手摸摸自己臉頰上的疤痕。

「那根樑還把窗戶撞碎，剛好給了我一個逃脫的出口。我爸媽、兄弟姊妹，在屋裡的所有人全都死了。除了我之外。我成爲唯一的生還者，但我感覺自己不配。

「因爲沒有人照顧，所以我流浪街頭，乞討維生。有些人可憐我，但說到底不會有人想要一個破相的女孩。最後，在命運的安排下，我找上了華棋的房子。我一開始並沒有遇見她，只是發現了她的花園，那裡像是一座開滿花的森林，看上去似乎是個過夜的好地方。於是，白天我出去乞討，晚上就回到花園裡新的庇護所睡覺。

「從我藏身的地方，可以看到華棋每天早上出門，晚上回家。一開始我沒有暴露行蹤，因爲我害怕她會罵我，不准我睡在那裡。

「後來華棋告訴我，打從第一天她就發現我了。她的感覺是很敏銳的。然後她開始在我的躲藏處附近放一塊白色餐巾，留些水果在上面。我原本還以爲她是在餵鳥，等我了解到那是故意留給我的，就決定露面了。有天她回家時，發現我就坐在她家門口的階梯上，等著她。她很喜歡跟人說這個故事；她總是提到我把餐巾折得有多整齊。」美寶彷彿沉浸在回憶裡，手指來回移動著，彷彿正在摺疊那條餐巾。

「華棋收留了我。她教導我如何生活，送我到學校去學各種語言——英文、法文、德文。爲了討新媽媽的歡心，我非常用功。

「她也鼓勵我精通各種武術。她說是爲了我的健康，但我感覺得出來她希望我將來不再受人剝削。我十一歲時，她帶我到這裡來，從那時起，程大師就成了我的父親。」

突然間，美寶的注意力被拉回現在。她轉身指著林間的陰暗處。「那裡——你看。」我看見一個全黑的臉孔上有兩顆閃閃發亮的眼睛，但隨即消失無蹤。

「是豹，」她說，「護衛隊成員之一。」在那之後，我沿路上回頭看了好幾次。

等來到村落邊緣——有之前在森林裡迷路的經驗做對比，這次比我預期的快多了——美寶建議我躲在樹林後等。雖然很失望，但我理解她的謹慎，所以也同意了。被人看到和一個外國人在一起，對她來說不是好事。就算是這麼偏遠的地方，小道消息傳播起來可是又快又遠。

我差點忘記把明信片連同一些人民幣現金給她，請她幫我寄出給女兒。她遲疑了一會後同意了。「我交給店主前，會在開頭寫一些中文字，這樣他比較不會注意到底下的英文。」

美寶沒讓我等太久就回來了，帶著好幾捲棉布、絲綢和一些果乾。我把她買的東西都裝進一個她給我的簡便布袋裡。她剛去寄明信片完全沒有發生問題。

在回程的路上，我們停下來摘了一些紅色的冬季漿果，還採了幾根程大師需要的紅花草藥。美寶很清楚草藥的生長地點，知道要在哪裡掃開覆蓋的雪。

我們沿著先前在雪上踩踏出來的路徑走，前進的速度很快，突然間我聽到附近有斷裂的聲音，像是有樹倒下。我抬起頭來，驚恐地看見美寶摔到地上，一路滾到路邊。站在她面前正準備朝她撲去的，就是之前逼我飛越過峽谷的那一頭巨熊。

22

美寶躺在那裡，眼睜睜看著那熊舉起致命的熊掌。來不及多想，我衝了上去。我聽見一陣兇猛的吼聲——是我的聲音。那熊似乎受到驚嚇，竟然撤退了。我聽見像是呻吟的聲音，連忙趕去看美寶的狀況。她一隻手捂在嘴巴上——正在強忍笑意！

「怎麼回事？妳沒受傷吧？」

「沒——沒有，丹。」她將手放下，開始咯咯笑個不停。「我沒事，但你恐怕傷害宏宏的感情了，牠只是在跟我玩而已。」

「宏宏?!那熊還有名字？」

「你幹嘛壓低聲音說話？」她笑得更厲害了，幾乎要說不出話來。我聽見有東西摩擦的聲音，轉頭看見宏宏正靠在樹上磨蹭。

「請不要再嚇牠了，」美寶邊說邊站起身。「牠真的是一頭很乖的熊，也是森林護衛隊的成員。現在很少有動物這麼溫馴了，但宏宏對我們很特別。牠常常跟蹤我，然後企圖將我推倒。好險你沒傷到牠！」我本來還不太相信她的話，直到她伸出手搔搔那熊脖子上的毛，結果牠竟然四腳朝天平靜地躺下。「快跟牠說對不起，丹，牠很脆弱的。」

我盯著牠的鼻子，勉強說出：「哈囉，呃，對不起，嚇到你了，宏宏。」我向牠伸出手，懷疑這隻手等下是否還收得回來。那熊用力地聞了聞，看美寶一眼，咕嚕一陣後，笨重地一步步走回森林裡。

「我想牠喜歡你。」她說，「你很勇敢。你不知道牠是溫馴的。宏宏的確會讓有些人很緊張。」

「不是開玩笑的。」我說，接著講起我和牠第一次碰面的狀況。

大笑完之後，美寶說：「你展現勇氣想救我一命，我很感激。」她鞠了個躬。「這讓我想到，我曾經讓一頭兇猛的公牛跑得飛快。」

「真的嗎？你怎麼辦到的？」

「很簡單，我跑，然後那牛就跟在我後面追。」

美寶又大笑起來。太陽現在已經落在她頭頂的位置，她也注意到了。「我們如果想在黃昏之前回到學校，最好加快腳步。」

半小時後，我們穿過田地往回走，上前迎接的只有農場的貓，大聲地喵喵叫。「妳能幫我翻譯一下嗎？」我問。

美寶的回答適度地顯露了一點她的風趣。「要是牠說的是普通話，我就能幫你翻譯了，但牠只會說廣東話。」

當天晚上，我累得沒辦法動筆，只能直接上床睡覺。但隔天，我趁著早上的休息和晚上的時間，著手開始闡釋蘇格拉底關於科學與信仰的想法。

科學與信仰，代表了兩種不同的世界觀，這兩種世界觀正體現出傳統與超凡的真相兩者間的矛盾——一個是身體的，一個是靈魂的。如果一種概念是可以被檢驗的，就是落在科學的範疇，如果不能被檢驗，就屬於信仰的範疇。兩種範疇都值得尊重，但兩者不應該混淆。在探索真相這回事上，科學是最主要的方法。而信仰則是許多人獲得啟發與安慰的來源。科學和技術或許能帶領我們通往一個更光明、更和平的未來。信仰則召喚我們達成愛和服務的最高理想，以及本質上的統一（essential unity）。在科學探索所能達到的最遠區域，我們會遭逢信仰的神祕邊界。當信仰逐漸能夠自我察覺，看出了舊有掌故的侷限，就會找出一種能與人類不斷進化的智慧產生共鳴的新敘述方法。

將你固著在共識性現實的那些歷久不衰的概念及典範——包括各種與上帝、靈魂、天堂、轉世有關的宗教或形而上觀念——之所以可以存留下來，是因為它們聲稱能夠瞭解並解釋生命的奧祕。你或許會根據自己的價值觀或需要，把這樣的觀念當做被揭露的真理或隱喻。你也可能會予以否定。科學理論或有關信仰的文章到底正確與否，對你來說還不如實用的氣象報告來得重要。它們能為你帶來安慰或清明嗎？它們是幫助你看清更高層次的真相，還是將你引入更深的幻覺呢？你可以自行選擇何者為真，但你不能替其他人做決定。

我在農莊裡工作、受訓、教學、進食、睡覺，生活是如此簡單而實際，因此我在闡釋有關存在的本質和意義這些高超的概念時，感覺格外奇怪。就連在提醒學生們要將特技訓練與實際生活連結起來時，我都不禁懷疑：這一切會不會只是我一廂情願的想法和**哲學性的推測？還是我漏失了什麼？寫作真的能幫助我找到我所追尋的意義嗎？或者我該乾脆放棄這整個任務？**

那天晚上我輾轉難眠，等聽到公雞的啼聲時，我甚至不確定自己到底有沒有睡著過。飽受疑慮之苦的我，這天決定將自己的日記放著不管一陣子，先回到蘇格拉底的筆記上，反覆再讀幾遍。**等待下一個徵兆嗎，丹？**在又一個思緒混亂的夜晚之後，我這樣自我解嘲。

隔天晚上，我決定不睡覺，甚至不離開桌前，直到我眞正解答自己的疑問爲止。我回到我所寫的內容的第一頁，回到不費力氣就能寫出東西的階段。有一個句子引起我的注意：「生命是一場遊戲，你可以將它好像當一回事般地優遊其中……」**好像……**我思索著，然後開始動筆。

> 即使從個人的觀點來看，你也能隨時從兩個不同的層次來體驗和覺察世界。
>
> 從約定俗成的觀點來看——適合用來處理日常生活的事務——你好像是以一個個別的自我的身分活著，你所覺察到的和所有發生的事情，都是真實而重要的。從超凡的角度來看呢，你會發現自己比較沒有羈絆，比較容易進入狂喜狀態（或莫名的快樂）。好像你和這個世界，都只是某個有趣夢境的一部分。這兩種觀點，會帶來不同的體驗。就像有句諺語說的：「兩個人從監獄柵欄往外看，一個看見泥土，一個看見星星。」

只需要注意力一轉換，你便能進入其中任何一種覺察狀態。在任何時間或環境中，你在擁抱所有宗教和性靈修行者所追尋的超凡視野之際，也能在約定俗成的世界中維持正常運作。

我重讀過剛寫下的東西，稍微沉澱一下，才終於準備好重回四個詭論的主題：

從約定俗成的觀點來看，以下的四種論點是真實的，有我們每天的生活經驗和共識性的現實做為佐證。

第一，時間會過去。

第二，你有選擇的自由，並且必須為自己的選擇負責。

第三，你是（或者你擁有）一個內在自我。

第四，死亡是真實的，是無法避免的終局。

從超凡的觀點來看，以下的四種論點是真實的，奠基在一種開闊的觀點之上，這種觀點反映的是無數得以窺見另一種現實的修行高人、密契主義者和科學家的理解和見證。

第一，時間是人類創造出來的，存在的只有永恆的現在。

第二，你的選擇是被裡裡外外一連串的因素所預先決定的。

第三，沒有獨立內在自我這回事——只有同時閃耀在億萬雙眼睛中的同一個意識（或覺察）。

第四，死亡不可能存在，因為意識不會出生也不會死亡。

接受你所看到的超凡真相如同遠觀繁星一樣，它們只會偶爾明朗清亮。你的目光要穿透雲與霧，仔細看清四個矛盾論點裡的約定俗成真相和超凡真相：

時間會過去 vs. 沒有時間，只有永恆的現在

時間是被我們同意為真實的一種人造產物。秒針、分針，隨著小時、日、年，不斷滴答前進。十點的時候，你可以回想自己九點時在做什麼。你提到昨天、今天和明天的時候，時間毫不留情地前進不等人。逐漸衰老的身體——你自己的，以及和你共同生活的人的——是時光流逝的證據。

從超凡的觀點去看的話，你所擁有的只有這個現在。其他的都只是回憶——就是所謂的過去，以及想像——所謂的未來。但過去已不復存，未來永遠不會到。

你坐在一艘船裡，從時間的河往下游漂流。若岸邊有人用約定俗成的觀點看，就會看到一艘船由過去移動到現在，再移動到未來——其實你靜止不動地坐在永恆的現在。

你可以自由選擇vs.所有選擇都被過往發生的一切預先決定了

你每天都在環境的限制之下做選擇。藉著每一次決定，你展現自己選擇的自由。因此你必須在某種程度上負起責任，為你的選擇負責，也為其道德及法律上的結果負責。當你接受這樣的現實，人類社會的運作會比較順暢。

從超凡的觀點來看，你的選擇和行動，都是所有形塑出你的歷史、基因和環境力量，所帶來的自然、不可避免的結果。有位智者是這樣說的：所有發生的事件，所有星體的誕生，所有分子，所有演化的生命，以及曾經活著的所有生物採取的任何一個舉動，讓你成為這個時刻的你。你可以照你的希望選擇——但現在的你可以為未來選擇嗎？或者，你表面上的決定會不會是來自潛意識的因素呢？

我很滿意自己可以表達出蘇格拉底想說的意義和訊息，但有關我們的選擇是被預先決定的這個概念，還是讓我感覺很困惑。如果自由意志是幻覺，那責任呢？

我想到許多歷史上的代表性人物——偉大的哲學家、惡棍和聖人。引領他們走向衆人仰望、聲名狼藉或殉難的道路，是出自他們自己的選擇嗎？我們有誰能知道或選擇自己的未來呢？引領我們向前的是我們的意志，或者命運混合著運氣塑造了我們的人生呢？

如此的思緒在腦中不斷翻攪，我繼續往下寫。

我們是獨立的自我vs.我們每個人都是共同意識的一部分

無論何時，其他人的身體都無法感覺你的痛苦，思考你的想法，感受你的情緒。因此，你便以獨立自我的身分過活。隨著每一次誤解，你對於自己的獨立性就有更新的認識。

從超凡的觀點來看，「我」是一個持續存在的幻覺。有億萬個身體不需要（或不存在）一個獨立內在自我來加以控制，每天也活得好好的。

死亡是真實的vs.生命是永恆的

如果你曾坐在一個瀕死之人身邊，或見過人死後的身體，你會觀察到身體的現實狀況。身體先是變冷，然後很快便開始腐爛。那軀體的眼睛裡曾閃耀的生命力的火花，已然熄滅。

從超凡的觀點看來，身體來來去去，對共同意識毫無影響，就像一片葉子從樹上落下，不會影響整體一樣。你可能會因熟人的肉體死亡而悲痛，但無須接受那是唯一的真相。在永恆的現在，即使當所愛的人擺脫了無用的外殼，他們仍然繼續棲息在你的回憶裡，棲息在時間的河流中與你交會的時時刻刻。

不只你所提到的「我」是有意識的——「我」也是無生亦無死的共同意識。有了這種體認後，肉體的死亡便是完全自然、可以接受的。生命來臨時，智者接受，面對死亡時也沒有憂慮。

這樣的體悟你或許在此刻可以領會，然後可能又忘記，然後又想起。在你記得的那些時刻裡，這個超凡的真相會滲透進你心裡，你會瞭解自己真正是誰——然後獲得永生。

詩人丁尼生（Alfred, Lord Tennyson）曾在早年體驗過這樣的領悟：「從少年時期起，藉著無聲重複自己的名字，一種強烈的個體自覺會在心中升起，然後似乎融解消散在無限的存在裡，那不是困惑，而是一種清晰、確定的，無法以言語形容的狀態，在那種狀態下，死亡幾乎是荒謬、不可能的事。」

與這些新的和舊的概念奮力搏鬥，讓我疲倦至極，無法再繼續任何思考，至少今晚不行了。我想起蘇格拉底曾告訴過我的：「面對死亡，沒有勝利，只有對於『我們是誰』的眞實體悟。」現在我可以了解他的意思了。即使如此，我在約定俗成的知覺狀態中，仍然會對於朋友和所愛的人的死亡感到悲傷。但我已經開始逐漸瞭解，這樣的失去並非唯一的眞相。我們祖父母仍然與我同在，在我的回憶中，在我的心裡，在我們共度的時光裡他們給我的各種啓發之中。

23

和早到的冬天一樣，春天的腳步也提早來臨了。華棋前來的日子勢必也會提前——如果她真的會來的話。想到這學校、這座農莊只是中途的休息站，並非我終極的目的地，我開始再次感覺到煩躁。

有天晚上我熬夜完成了我的寫作。我沒有料到會這麼快結束，但我發現最後的段落我幾乎可以逐字用抄錄的。蘇格拉底必定是在得到啓發的狂亂時刻，一股腦地將最後的話全寫了出來，在將日記留在深山裡之前完成了他的作品。

約定俗成的知覺狀態和超凡的知覺狀態，同樣有價值。如果你在日常生活中無法找到平靜，在任何其他狀態也沒辦法。脫離約定俗成的心境並非靠意志可達到的，而是要靠回想。若你曾體驗過深層的放鬆，就比較容易回到那樣的狀態。進入超凡的狀態，也是同樣的道理。

即使在知覺得到提昇的時刻，你還是要倒垃圾、洗衣服。因此就算是身處在日常生活中——被種種因素形塑出的你，該做什麼就做什麼——你也必須保持智慧地生活，把時間當成好像是存在的一樣，按照安排規劃的行事曆去過。你要活得像是你的選擇是經由自己意志所做的決定，這樣你才能為你的選擇負起責任。你要活得像是意外隨時會發生，這樣你才能保持警戒。你要像是一個獨立的個體一般地活著，這樣你才能欣賞自己與生俱來的價值和獨一無二的命運。你要活得像是死亡是真實存在的，這樣你才能充分享受活在地球上的這個寶貴機會。

直到有一天，你直接體驗到超凡的真相時，要對這樣的機會保持開放的心態。只要你記得如何在約定俗成和超凡的狀態間轉換知覺，你就能依照當下的需求，隨時在兩者之間搭起橋樑。與此同時，你要對詭論、幽默、改變保持信心，對於在日常生活中仍適用的幻覺保持敬意。

不受環境影響，並且欣賞生命開展的完美過程，從來不是件容易的事。大部分的時間裡，你的注意力會——也應該——集中在日常的義務上。但你要隨時記得保持你的平衡感、洞察力和幽默感——這些是智慧的精華所在。

歡迎來到血肉與性靈的國度，貼近讓它們生氣蓬勃的真相。歡迎回家。

隨著這最後的字句，我的任務也宣告完成。至少就目前來說是如此。我重新讀過自己寫下的東西——出乎意料的，其實只有區區二十頁的手寫稿——發現自己不是用作者的身分，而是以這些體悟的翻譯者的角度去體會。

在遠離家鄉的森林中一座農莊裡，我坐在這張小桌子前，不得不面對一個事實：和絕大部分的人一樣，我的知覺大都只集中在約定俗成的層次上。但也和大多數人一樣，我渴望超越，嚮往某種解脫。我猜，這也是所有宗教和性靈修行的核心。除了多年來蘇格拉底賦予我的，或者藉由冥想、迷幻藥和其他神祕的方法所達成的偶爾靈光一閃的體悟和幻象，我從未直接進入過他所提到的——經由注意力的轉換和回想所達成的——超凡狀態。

我知道有些認真的哲學家、物理學家和心理學家曾經以各種觀點，針對時間、選擇、自我、死亡的本質，寫下種種細膩到甚至有點折磨人的細節。但蘇格拉底對於詭論的理解——約定俗成與超凡觀點的眞相的本質——是我第一次發現有人將這些有關眞相的互斥觀點做出調和的例子。我只希望，這些有關存在的體悟在我的傳達之下，可以影響到其他人的生命，就像我的生命曾受其影響一樣。我是一個仍在進步中的作品，但現在我瞥見了新的可能性。

☯ ☯ ☯

兩天後，當太陽消失在群山之後，我踏進溪水中，坐在陳漢和我搭建的瀑布底下，讓水澆灌在我的頭頂和肩膀上，清洗我的身體和心靈。從沖灌包圍著我的水簾之中，我聽見陳漢低沉的笑聲。

當天晚上，我們聚集在一起慶祝春天的來臨。到處可看到五彩的燈、吱吱作響的煙花和不停旋轉跳躍的特技演員——我的學生。今天晚上我不是教練。在陳漢的帶領下，他們不斷跳躍到半空中，慶祝從重力的拘禁中解放的自由。

一群學生拉著我的手臂，帶領我加入狂歡的舞蹈。他們的臉上閃耀著光芒，年輕的男男女女旋轉著、歡唱著中國歌曲，直到我也融入輕鬆的氣氛和笑聲中，現在所有人似乎比空氣還要輕盈似的，飄浮在樓閣的地板上。這時我聽到有幾個人唱起了：「划，划，划你的船，緩緩沿溪下……」

等凌晨時分，我往自己安靜的小窩走去的路上，還聽得到曼陀林、笛子、塔爾琴和鼓的聲響，穿透黑暗的夜空，朝著明亮、鮮黃如犛牛乳酪的月亮浮升。不知哪來的衝動，我走到被我在心中命名爲陳漢瀑布的溪水邊，在燈籠的照耀和寧靜的月色下，再看看那飛躍的水花一眼。

我自有慶祝的理由，我利用待在這裡的時間裡，完成書寫的任務，成就了一件幾個月前我還沒發現蘇格拉底的信時似乎絕不可能做到的事。我感覺彷彿「道」的河流帶領著我，讓我像一片葉子般順著它變動的水流流動。

有時那些水流會遇到劇烈的轉折。

隔天晚餐後，我回到穀倉，像以往一樣伸手到背包裡，準備拿出那兩本日記，想再重新讀一次。

困惑中，我將背包倒空。然後我搜索了穀倉的每一個角落，兩次。這沒有道理，但我不得不承認這眞的發生了：蘇格拉底的和我的日記都消失無蹤。

24

我眞希望自己能說，這幾個月來的訓練和寫作，讓我獲得了永恆的超脫心態，得以優雅地接受這個損失。但在此刻，如此這般的超脫未免也太理想化，超出我的能力範圍。各種自我批判的念頭向我襲來——**我在香港時爲什麼沒有找機會將蘇格拉底的日記影印下來？爲什麼我沒想到要把自己寫的東西再全部手謄一遍？**——各種情緒和腎上腺素在我體內流竄。

我一定是把它們亂放在哪裡了，我心想。這個念頭又挑起另一輪激動（但無結果）的搜尋。**我會不會是夢遊中將日記帶出去放在某處了**。不可能，我早上還看見過它們的。我現在可以了解，蘇格拉底高燒康復後找不到日記、完全忘記自己放在哪裡的感受了。

會是誰拿走了呢？我納悶著。沒有道理啊。農莊上沒有人有任何理由會拿走它們，或甚至知道這兩本日記的存在。能看得懂的只有美寶，而且只要她開口，我就會讓她看的。她的臉，陳漢、程大師、學生們的臉，一一掠過我腦海。在靜靜想著他們的臉的同時，我的身體冷靜了下來。原本高漲的慌亂和憤怒，漸漸消退。當身體放鬆下來後，我的心也紓緩下來。終於，我接受了事實。日記不見了。我不知道它們在哪裡。這個晚上，不會有任何事發生。懷著這樣的想法，我讓自己入睡了。

隔天一大早，我正準備去找美寶，在半路上看見主屋的階梯上有個灰白頭髮、穿著運動服的熟悉身影，我瞬間停下腳步。「華棋！」我大喊著衝向前去。

她轉身露出笑容說：「還眞是充滿熱情的美國式招呼啊！」聽到她這樣說，我停下腳步，鞠了個躬。她用贊許的眼神看著我。「你看起來不錯，丹。要不是因爲路凍住了，我本來會早點來的。我們過幾天就離開。」

「華棋，我必須告訴妳——」

「我們等下再談，丹。我知道你一定有很多事想和我分享。但首先我得先去和我兄弟和美寶致個意。」

沒打算讓我阻斷她的去向，華棋轉身消失在珠簾後面。有可能解決我困境的那幾個人，現在全在裡面不方便受打擾了。我不情願地離開，去進行晨間的工作任務。想到她不在的這段漫長日子裡所發生的一切，我甚至不知道該對她從何說起。我決定，要先告訴她日記不見的事。

我一直試圖說服自己，蘇格拉底和我的日記失蹤，其實並不算極端嚴重的事。這世界的旋轉沒有偏離軸心——偏離的只有我的世界，我的目標。日記不見這個事件本身，是一個事實。讓我煩擾的，是我對於這個損失的反應。

過一會後，華棋來找我，邀我一起到農莊周圍散散步。我們走到森林邊緣時，她開口說話了：「我的兄弟和美寶很開心，你在此同時是學生又是老師。無論未來發生什麼，你已經做出了貢獻。」

我開口，出乎自己意料之外，連珠炮似地說：「我很高興聽到妳這麼說，華棋，也很高興見到妳。但在香港時我告訴過妳我找到一本日記，我一直根據它在寫一個較長的版本，一個重要的作品，就在一兩天前，原本那本日記和我的筆記本都不見了，我搞不懂——」

「喔，這事你別煩惱，」她輕鬆地揮一揮手。「它們很安全。保管得很妥當。是我借走的。」

走在新栽種的田地另一頭的我，傻在原地無法動彈。華棋也停下腳步，一副正在欣賞農夫們辛勤成果的模樣。困在自身情緒中的我，完全無心欣賞甚至無法看一眼周遭的一切。聽到她說的話，我既鬆一口氣，又憤怒、困惑、說不出話來。但沒過多久我開口了。「妳什麼？」我說，「爲什麼？那妳打算什麼時候才要告訴我？」

「喔，我覺得還是先看看發生了什麼比較好。」

這是哪門子的謎語？她是喬爸附身了嗎？現在發生什麼我都不會驚訝了。我只勉強擠得出三個字：「請解釋。」

華棋愉快地聳聳肩，和往常一樣一派輕鬆，邊繼續回頭往食堂走邊說：「幾個月前，我們在喝茶的時候，你提到過一本日記，以及有人正在找它。」

「對，我記得。」

「那你還記得，你給了我一張字條，上面寫著一個女子的名字和一個電話號碼嗎？」

「記得，但那和這件事有什麼關係——」

「幾天後的晚上，我撥那支電話，找到了那個叫阿瑪的女子。她的聲音聽起來充滿力量和仁慈。我傳達了你找到日記的消息。她聽起來是眞心誠意的高興，甚至替你感到興奮。因此我向她介紹了我自己，告訴她我們第一次碰面的狀況，以及我幫你安排旅程的事。她謝謝我之後，我們就道別掛電話了。」

「很感謝妳的幫忙，但我還是不懂——」

「大約十天後，我在公園晨練的時候，注意到有個男人從遠方觀察我們。他曾經練過武術，我從他的站姿看得出來。等我們結束套路的練習後，他問我們之中有沒有人認識一個叫華棋的女人。我告訴他，我和這個女人很熟，然後問他爲什麼要找她——做人還是要小心爲上。」

我們走到樓閣後方，進到食堂裡，在靠近出口的角落找位子坐下，繼續這場私密的談話。「結果我發現，他正是那個你提醒我要提防的男人。他告訴我，他決心要找到那個擁有那本日記的男人，不計任何代價搶回日記。他似乎很確定『這個叫華棋的女人』是他達成目標的重要線索。所以呢，我就繼續要這個小小的心機，告訴他我可以安排讓他們隔天早上碰面。在公園裡，在晨練之前。」

我們各自裝滿一盤平時吃的蔬菜和一碗粥，然後回到座位上。華棋將碗盤放好後，繼續說：「他看見只有我單獨一人出現時，似乎只有一點點驚訝。我想他其實一直都懷疑我。我們談了一會後，我做出一個決定，這決定應該不失爲一個解決的好方法。」

「這個解決方法，不會剛好就是要我將日記還給他吧？」

「我是這麼想的，」她回答，「但這輪不到我來說。是這樣的，他要求直接和你談。」

「喔，是嗎，」我帶著點嘲諷的語氣說，「等回香港後，妳可以給我他的電話號碼啊。」

「喔，這倒不必。」她指著我背後說，「他陪我一起來的。」

我轉頭，看見那個叫巴哈洛的男人就站在出口的地方，手裡拿著那兩本日記。

華棋站起身，留下完全沒碰的餐盤，讓我們兩人獨處。

25

他穿著舊牛仔褲、T恤和一頂紅星鴨舌帽，和我那頂一模一樣。我們目光交會，他垂下了眼睛，站在那裡彷彿在等待我的允許才敢走向前。最後，他終於走過來，在我面前坐下，將兩本日記遞給我。他坐我對面華棋讓出的位子上，眼睛始終往下看，說道：「丹，很抱歉造成你這麼多麻煩。」

「你看過日記了。」想到我們上次碰面的情況，我還是保持著警戒。

他點頭，低聲說：「我一開始先看了你的老師寫的筆記，但一直等到看過你的……詮釋之後，我才搞懂他在說什麼。」他停頓了一下，彷彿在回顧之前發生的事。「如果當初我在山上拿走的是真的日記，也看不懂。」然後又說：「我很後悔攻擊你，一直都很後悔，但我想不出其他辦法……」

正當我滿腹的疑問想冒出來時，巴哈洛抬起了頭，這是我們第一次眞正彼此對視。

「我不知道該如何感謝你——或者如何彌補我所做的事。」

我說出第一個浮現在腦海裡的念頭。「這個嘛，你留給了我五塊錢。」

我們相視而笑。就這樣，這個跟著我到天涯海角、我以爲再見面時我會好好揍他一頓的男人，跟我一起共享了一頓午餐。這時學生們全都遠遠地看著我們，害羞中帶著好奇。巴哈洛開始解釋整件事的緣由。

「三十年前，我父親在上工的路上，看見一個搖搖晃晃走在公路邊的男人——」

我插嘴說：「巴哈洛，我知道你父親讓蘇格拉底搭便車，並且載他到醫院的事。我也知道你父親後來生病，過世了……」

他一臉困惑，問道：「你怎麼會——」

「我到達阿布奎基後不久，」我說，「就找到一位名叫阿瑪的小學老師，她的父親就是當初治療蘇格拉底的醫生。他曾告訴過阿瑪多年前發生的一個故事，有個來看診的園丁正在找一本日記。我幫助她回憶起整個故事的經過。所以我可以理解你父親急著找這本日記的心情。但是你，爲什麼在這麼多年後也在找呢？還有，你是怎麼知道我的？」

「我父親過世後，」他說，「我在一個姑姑的幫助下長大，她讓我住在她屋後的一個房間，在園圃工作來交換三餐。我長大的過程很野性，我研究生存技巧，學習跟蹤獵物。我還在當地一家空手道學校清洗浴室和地墊來交換上課。我的運動神經很發達，但大部分時間我都是一個人，在做準備。」

「準備什麼？」

「我父親的任務——那給了我一個目標吧，我猜。我發誓不要像他那樣死去。我開始漸漸相信，如果我能找到那本日記，或許就不會死亡……」

他搖搖頭。「我不知道自己在想什麼。如果人類不再生養小孩，努力追求肉體的永生的確站得住腳。但明擺的是，要是真有人發現這樣的祕密的話，也只有有錢人才有機會弄到手，要不就是會讓世界陷入混亂、人口過剩的狀態。」

他說的沒錯，我心想，到了某個時刻，年長者的確必須死亡，並進入循環——蘇格拉底會說，這就是門規。熱愛生命是一回事，恐懼死亡則是另一回事了。

「但這無法解釋爲什麼你會發現我，然後跟蹤我——還有，你是怎麼找到華棋的。」

「是阿瑪，你遇見的那個女人。她告訴我關於你的事——所有我需要的訊息她都告訴我了。」

一陣戰慄傳遍我全身，喉嚨裡泛上一股被背叛的苦澀味。我忍不住問：「是你強迫她說的嗎？還是她很樂意告訴你一切？」

他笑著擺擺手，驅散了我的疑慮。「不是你想的那樣，丹，我和阿瑪認識很多年了。她不知道我就是園丁的兒子。對她來說，我只是一個朋友和知己。」

我瞪大了眼睛。「天啊——**你就是潛狼喬？**」我驚訝地呆坐在那。我怎麼會沒想到呢！阿瑪自己當然不會猜到，因爲她在告訴我之前，根本還想不起來有關園丁兒子的故事。

潛狼喬，又名巴哈洛，繼續往下說：「我父親過世十五年後，我當上了本地的警察。我利用職務之便查到醫院的紀錄，得知多年前治療那個陌生人的醫生的名字，也就是阿瑪的父親。他已經過世，但我找到了他女兒……

「我花了很多年時間才贏得她的信任，」他說，「她不知道我在找這本日記。對她來說，我只是一個很好的傾聽者。在你造訪她的學校後，她打電話給我。那就好像新聞一樣，我們會彼此分享這種事。」

我想到曾經聽過的一種說法——故事只有兩種：陌生人來鎮上，或者有人在尋找什麼。我知道，自己的狀況兩個條件都符合。阿瑪一定是這樣向朋友提起我的：那個奇怪的陌生人。而這個故事也變得越來越奇怪了……

我仍企圖把這事情搞清楚，忍不住問：「你和阿瑪的關係——僅僅只和日記有關嗎？」

「一開始的確是。但隨著時間過去——」他突然想通我問這話的原因，笑了出來。「阿瑪和我是好朋友，丹，但不是你想的那樣。至於較親密的陪伴，阿瑪還是比較喜歡和其他女性朋友在一起。」

我恨不得在自己腦門上狠狠拍一下，**觀察力也太旺盛**了。

潛狼喬繼續解釋他是如何利用高倍數望遠鏡，在加油休息站觀察我。**我在加油站做什麼**？我心裡納悶。他開車超越我，然後拋下車，等在路邊，假裝是搭便車的生意人兼導遊巴哈洛。他原本打算跟著我，一直到我找到日記為止，但後來發現喬爸在咖啡館裡，他知道這樣太冒險了。「他是阿瑪的老朋友，從前見過我。他搞不好認得我的聲音——或者我的氣味。」

「瞎得像隻蝙蝠，聰明得像隻狐狸。」我說。

潛狼喬再次露出微笑。「你說的沒錯。」

接著他收起笑臉，像個迷路的孩子一樣趴在桌上。「我不是壞人，丹。拿走日記是絕望之下的舉動，那是我畢生的追求。長久以來我都活在我父親的夢裡，最後我已經沒有自己的夢了。我不知道現在該怎麼做。」

我感覺自己像條被擰乾的毛巾，不知還能說什麼來幫助這男人。「這個嘛，」我努力思索，想到我們兩個都即將和華棋一起回香港。「你可以在這裡待一陣子，或許可以幫忙耕種。」

他搖頭說：「不行，我不能接受他們的款待。還不行，我還沒有資格。我會在森林裡待上幾天，我需要思考，思考你寫的東西，還有我自己的生命，無論有沒有永生都得好好想想。你寫的東西打開了我的眼界和心，每看一次都感覺更開闊，眞希望我父親有機會看到。」

他還是一樣會死啊，我心想，**就和我們所有人一樣，無論是什麼信仰或哲學觀。我們所有人，都要前往薩邁拉……**

我還來不及多說些什麼，潛狼喬已經站起身，向我告退後離開。這時我才發現，想必已經餓壞了的他，面前的食物卻一口也沒碰。

26

將日記放回小窩後，我仍不斷琢磨著這整件事的轉折，直到前往樓閣教我的最後一堂特技課的路上，華棋走到我身邊，才打斷我的思緒。「我兄弟對你的評價很高，」她說，「不只因爲你練習很勤奮，還因爲你對學生們的指導和啓發。」

聽到這些話我很高興，因爲程大師很少顯露出任何贊許的跡象，我說：「這是一次很棒的機會，只希望……」

「什麼？」

「我原本想更直接地跟著他學習，但我也了解語言障礙會造成多大的困難——」

「要是沒有美寶的話。」她接上話。

「沒錯。妳兄弟要是沒有她幫忙該怎麼辦？」

華棋輕笑了一聲。「的確是如此，但不是你想的那樣。」

「什麼？」

「我兄弟的確是位貨眞價實的大師——不過他專精的是園藝和農事。他在二十多歲時研究過武術，但發現那不是他的使命。這個地方的骨頭、血肉都是他的，但至於這裡的靈魂嘛——嗯，美寶告訴過你我們相遇的故事嗎？」

「有。」

「她還是太謙虛了。她有沒有告訴你，她有多快就精通了太極拳，還有她不到十八歲所有的技巧就遠遠勝過我了？」

「眞的？我不知道。」

「我兄弟和我構思，想邀請一些有潛力的孤兒來幫忙建立一個自給自足的農莊。美寶來到這之後，才發現自己心中也渴望與其他人分享她的天賦，想要傳授出去。在她的期望下，學校開始運作。自從她來了之後，連森林也有所改變。」

我們來到樓閣入口處，華棋說：「我的兄弟對美寶全心的付出，就像她對他一樣。她將他當成自己智慧的源頭，我一點都不訝異。但別誤會了，美寶才是台山森林的大師。」

這眞是充滿驚奇的一天，讓我腦子混亂不已。

我們走進樓閣時，華棋又說：「你的老師蘇格拉底要你找一間隱密的學校。」

「對，但他沒說在哪裡。所以我原本打算到日本……」

「我很好奇，他要求你到那間學校去學習嗎？」

「要不然還會是什麼意思？」

華棋只是微笑，沒有回答我這個問題。她走到美寶和程大師身邊，他們兩人是來觀察我在台山森林的最後一堂特技課。

訓練進行中，我看見潛狼喬正從遠處的森林看著我們，我猜華棋也注意到了。當天晚上，我又想到他。**我的第一個讀者**。在將日記給其他人看之前，我決定再重新讀一遍。

那個深夜，我在油燈下讀完最後一個句子，感覺肩上的重擔減輕了。我想蘇格拉底應該會滿意。我希望能盡快告訴他這件事，並且讓他看看我寫的東西。他當初一定和我一樣沒料想到，但我們之間這個合作將是我展開寫作生涯的起點。

在這個過程中我學習到，除了閱讀之外，書寫也是吸收一個概念的方法。在釐清蘇格拉底筆記的同時，我不顧一切的創造力帶來了更深層的理解。但我僅僅是理解而已。

如同蘇格拉底告訴過我的：「只有透過眞正的體驗，才能眞正瞭解。」我必須面對一個現實：我所寫出的這些頓悟，還沒有滲透到我心裡。它們還只是口號，只是紙頁上的字句，只是我腦中的思緒、概念和想法。但種籽已經播下，等到適當的時機自然會開花結果。現在我能做的，只有接受目前的現實，等待它成熟。

帶著這樣的信念，我終於在將近清晨的時候，安頓下來準備睡覺。在躺下的時候不禁感嘆，與其說生命是一場策略性的計畫，還不如說是一場即興的喜劇。我完全不知道未來可能會給我什麼。就像喬爸，和《哥林多前書》裡那句話，我要憑著「信心而非眼見」去活。

27

隔天早上到田裡工作時，我看見兩個陌生人從森林走來——年紀有點大，穿著灰色高領上衣，沾滿了塵土，磨損得很厲害。他們一臉嚴肅地掃視著農莊的田地和建築。後面又跟上兩個人，一身的軍裝，手上還拿著俄制卡賓槍。我身後傳來通常代表午餐時刻的鐘聲，一聲接一聲地響。

我轉過身，看見美寶和程大師走來，後面跟著陳漢和其他學生。原本正在挖溝渠的我，鐵鏟還緊緊握在手上。

那兩個士兵拿著槍，手扣著扳機。年紀較大的那兩人其中一個大聲說著話——好像我們所有人都歸他管似的。站在我身後的美寶，低聲在我耳邊翻譯：「黑龍江人民無產階級中心委員會得知，這個非法的農莊及學校裡有……」美寶頓了一下才繼續，「有間諜。」這是我第一次看到她有點沉不住氣。

那個人目光掃過我們這一小群人，最後停在我身上。他又說話了，美寶繼續在我耳邊翻譯：「我看到證據，」他指著我說：「一個帝國主義的走狗，」——果然來了！——「來這裡訓練你們當外國政府的特務。我要看他的入境證，但我猜他根本拿不出來。」

這時候，華棋走上前說話了，美寶繼續翻譯：「這位客人就是個特技老師，沒別的了。」她說：「你要是讓我去拿，我可以給你他的護照，官方合法允許他短期居留，幫助這些孤兒學個技能，好讓他們可以爲人民的文化做出貢獻。誰告訴你這裡有特務的，就是在誤導和欺騙人民政府。」

「這是很嚴重的指控。」隨著華棋靠近，那人說這話的音量頓時降低了些。「而且就算如此，」他繼續說，「你們還是得找回正確的態度，爲大眾的利益做出貢獻。這裡所有人把自己和人民分開了，自私地囤積糧食，沒有爲群體的農作貢獻。你們的耕種和教學許可證呢？」他吼道：「要不是你們蠢到帶一個外國入侵者到這裡來，說不定還能偷偷繼續這種墮落的生活呢。」

最後幾句話，美寶聽起來翻譯得不太情願。**都是我的錯**，我心想，**太可怕了**。一定是我和美寶到村裡去的時候，有人看見我了。

就在這時候，第五個人從森林裡走了出來，比其他人看上去都年輕。他穿著同樣的毛裝，看起來很生氣，但除此之外我還感覺到其他情緒：恐懼？羞恥？

「李昌。」美寶低聲說。那個當初逃走的學生，我想起來了。她傷心地搖搖頭。「一定是他帶這些人過來的。」

年紀較大的發言人對李昌比個手勢，然後將手搭在那年輕人肩上。「你們看，多虧這年輕無產階級領袖的英勇行為和愛國精神，你們搞的勾當我們全知道，你們躲不了了！」他朝兩個帶槍的士兵比個手勢，兩人向前踏了一步。「我是來這裡暫時接管這個公有農場，現在要變成一個勞改營。還有很多工人等等就會過來，年輕的工人就都留下。農務照舊繼續，不過你們這個所謂的『學校』，在人民共和國是容不了身的。」

我感覺到美寶幾乎無法逐句譯完他的話，但她還是堅持著，直到那發言人指著程大師、華棋、美寶和我。

「你們四個，」他說，「跟著我回台山村，然後到北京，在那裡接受偵訊和審判。如果發現你們有罪，就會送進拘留所。要是證實你們的錯誤是政治誤判，等接受改造後，就可以重回社會。但這個外國人，不管有沒有文件，都會被——」

從眼角餘光，我看見程大師跪了下來。當他往前爬的時候，我不敢置信地盯著他看。美寶衝向前去，將這洩氣的老人家慢慢扶起，站在那個領導的面前。華棋看上去像突然老了好幾歲一樣，靠在陳漢身上，蹣跚地向那些人緩緩走去。那兩個拿槍的士兵一臉困惑，半舉起槍——

太遲了。美寶移動的速度快得像閃電。她應該是推了其中一名士兵的胸口，我看見他往後摔了出去，撞到附近的一根樹幹，跌在地上，陳漢立刻朝他跑過去。程大師和華棋也制服了另一名士兵，把他敲昏在地。

樹林裡跑出了第三名士兵，舉著卡賓槍，瞄準華棋和她的兄弟。瞬間，有兩件事同時發生：陳漢跳上前去擋住程大師和華棋，潛狼喬不知從哪冒出來，一腳踢中那士兵的脊椎，讓他倒在地上，但子彈已經擊發出去了。喬用一邊膝蓋將那士兵固定在地上，用一塊石頭敲他的後腦杓，那士兵立刻不省人事。一時之間，我以爲他準備繼續砸那人，突然間他眼神瞟來，我們目光交會。他放下了石頭。

28

政府官員、士兵、背叛我們所有人的李昌，現在面對的是一個截然不同的狀況了。那兩個年紀大的人開始氣急敗壞地交談。學生們的注意力轉移到他們身上，而我則轉頭看著面前這片農莊。我知道，此刻將是結束的開端。

我看見陳漢跪在地上，雙手緊壓著自己的肋骨。我走近他身邊，他像是要和我打招呼似地放開了雙手，上面全是血。子彈穿透他的上腹腔，就在心臟下面的位置。瞬間他昏倒在地，一動也不動了。

美寶這時也已經趕到他身邊，她抱起陳漢，臉上寫滿了悲痛。

「陳漢！」我們呼喚他，但他沒辦法回應。再也無法了。

一個傳一個，所有學生都知道發生了什麼事。所有人都開始掉淚，一時間愁雲密布。我看見潛狼喬將一把槍遞給華棋，兩人一起朝著那些官員走去。

我知道自己應該有所行動，但我動不了。

就在幾分鐘之前，我們還安然地在田裡工作，陳漢經過時我還向他揮了揮手。溫柔的陳漢，我打從一開始的好友。

沉浸在回憶和悔恨中的我，只隱約意識到程大師走到學生之間，捏捏他們的肩膀，輕聲說了些話。學生們跟隨著程大師，將官員和可悲的李昌團團圍住，同時也把昏迷不醒的士兵拖到圈子裡。中國人華共和國的代表，現在被學生包圍住了。

美寶指揮幾個學生將陳漢龐大的身軀抬起，準備送回主屋，其他人就跟在後面。我朝潛狼喬望去，他手上拿著槍，眼睛定定地看著森林，跟著推促著官員走的學生隊伍，往樓閣的方向前進。

我後來才知道，那幾個入侵者被鎖進了儲物棚裡。華棋告訴我，那個發言人說如果不讓他們回去在委員會前面報告，保證會有「嚴重的後果」。潛狼喬堅持坐在外面，守護程大師和其他商討對策的人。

我在他身邊坐下。他找到一個經驗派得上用場的目標了，突然間我感覺自己像個局外人。我心裡有數，在我離開這學校之前，這學校已經先離我而去。

29

當天晚上，美寶和華棋擦洗陳漢的遺體，並用布包裹起來。年紀較大的學生一起擔任抬棺人，將遺體送到水晶湖另一頭，被碧綠樹蔭所遮蔽的一個地方。簡短的儀式後，我們將我們的朋友葬進土裡。他的安息之地沒有做任何記號，和過往的這個學校一樣隱密，永遠不受侵擾。

過了好一陣子後，等學生們都去休息了，華棋邀我去主屋和程大師、美寶在一起。他們分享著和陳漢有關的故事，霎時間我有點期望一轉頭能看見他坐在我身邊。

我聽見有人喊我的名字。美寶在對我說話，但聲音感覺很遙遠：「……無論你有沒有來這裡，那些人都會來的。」華棋也開口說：「美寶和我兄弟已經料到有這個可能性。雖然沒正確預料到發生的時間，但上次去台山村時美寶就發現有人在監視她。」

「他們一定看到我了。」我木然地說。

華棋將手扶在我肩上。「這跟你無關，丹！你來的幾個月前，李昌就開始對美寶有所迷戀。她拒絕了他沒多久後，他就逃跑了。剩下的情況你就知道了。」

我想到陳漢，以及這件事對他們所有人的影響，淚水突然刺痛我的雙眼。「再來會發生什麼事？」我問。

華棋說出了她的看法。「在我看來，我們的生命似乎是以某種神祕的方式，藉此展開。既然意義是人類發明出來的東西，那我們就賦予這次經驗積極的意義吧！」

隔天，她打開儲物棚的門，將那群俘虜放出來。她甚至還給了他們一些果乾、小糕點和充足的水，才讓他們上路。程大師和美寶選擇閉關不見人，直到那些入侵者離開爲止。

那個發言人在走進森林前，我聽到他對華棋大吼了些什麼。不需要她翻譯我也猜得出大概的意思。他們之前既然靠著李昌的幫忙找到這裡，就很可能還會再回來，實現他所叫囂的那些威脅。

「你和我到時早就離開了。」華棋說。

「但其他人怎麼辦？」我問，「學校又怎麼辦？」我伸手揮向學生宿舍、田地和樓閣。

「他們會到另一個偏僻的地方重建。」她說，「即使在中國這樣人口眾多的國家，只要你知道怎麼找，還是有可以避難的地方的。潛狼喬剛告訴我，他會跟他們一起去。」

我們回主屋的路上，華棋突然停下腳步，轉身堅決地——是一種表達愛的嚴厲態度吧，我猜——對我說：「丹，你在這裡曾經是個受歡迎的客人——是訪客，是工作夥伴，也是老師。我知道你和學生們成了朋友，永遠不會忘記他們。但這裡不是你的家。他們不再需要你的幫助和貢獻。」

在那之後，時間過得飛快。要向美寶和程大師告別不是件容易的事，跟學生們說再見更是難上加難。但他們全都忙著我插不上手的準備工作，因此只能簡單地告別。我也去向潛狼喬說了再見，並且向他保證會盡可能將事情始末告訴阿瑪，傳達他深切的問候。

我睡得很不安穩，等醒來踏出穀倉外時，農場已經空蕩蕩的，所有人都像海市蜃樓般消失不見。

華棋發現我坐在空蕩的樓閣裡。「你看，」她說，「他們早已做好準備，一有狀況就可以走，我們是最後離開的。」

眞是太可惜了，我心想。**如此的不公不義——卑鄙的官僚和所謂的革命意識型態！**我搞不清楚自己究竟是悲傷或者憤怒——或許兩種都有吧。他們曾爲這裡付出了這麼多心力。

我回想起蘇格拉底告訴過我的，關於白隱慧鶴禪師的故事，他曾被污指讓一個年輕女子生下小孩，村民們堅持要他撫養那個孩子，他將那孩子抱入懷中時只說了三個字：「這樣嗎？」兩年後，那女子和孩子的父親來向他討回小孩，他也只做了相同的回應。他接受和放手，沒有絲毫抗拒。我審視著曾滋養生命、提供學習的空蕩田地和安靜的樓閣，自知這種超凡的能力我力有未逮。

華棋和我繞過台山村，去到一個較大的鎮，趕上了一班蒸汽小火車。我問她：「你眞的有我的官方文件嗎？」

華棋沒吭聲，遞給我一個裝有資料的信封，然後說：「你爲我兄弟的農場貢獻了很多。你的一部分將永遠和他們在一起。至少，我可以預見的是如此。」

他們也會永遠和我在一起，我心想。但這話說出口聽起來就太俗氣了，因此我保持沉默。

華棋提醒我回香港這一路上要保持低調。即使現在已是溫暖的春天，我仍穿戴著傳統的衣服和斗笠，拉低帽簷遮住眼睛，將臉藏在陰影裡。

越往南走，奶油黃的空氣變得益發濃重，火車經過一個個小村莊，穿越天山山脈往東行。「這山脈是雪豹和由蒙古遷移來的狼群的家。」身兼完美導遊的華棋輕聲在我耳邊說。現在的我也開始將這些生物視為護衛隊了。我想起森林裡的熊宏宏，不知牠現在怎麼樣。

華棋的聲音打斷了我的思緒，她帶著英國口音的低柔聲音幾乎要被火車的聲響掩蓋。「我對大自然很著迷，但沒辦法在鄉間生活。」

因爲收不到電視訊號吧，我心想，發現自己還能笑得出來。

在我們後面很遙遠的地方，是神祕的帕米爾地區，就是蘇格拉底曾和娜妲（當時的瑪麗亞）及其他人一起學習的地方——絲路從那裡貫穿而過，成爲印度教、伊斯蘭教和中國文化互相交流貨物和故事之處。至於西南方，則是西藏和尼泊爾的高峰。我凝視著前方的鐵路彎道，在瀰漫的黃土塵煙中，看見兩邊的沙丘上鋪有乾草編織的網格來防止流失。

隔天，我們進入了山西，這裡古時候稱爲中原，是中國文明的發源地。冒著煙的火車跨越寬闊的黃河和汾河，華棋說：「這兩條大河是中國的悲傷，也是中國的驕傲。它們為沿岸帶來生機，但一旦洪水氾濫，就會死傷數千條人命，造成無數作物和家園的損失。中國的歷史和其他文明一樣，一向是苦甜參半的。」

當天晚上，我們搭上從廣州開往香港的渡輪。我們在這碰上旅途中唯一找麻煩的官員。他攔住我們，用審視的眼光來回打量。不過自從幾年前尼克森總統來訪中國後，這個國家和世界開始有新的接觸，他們對待外國人也客氣得多了。所以，那官員嚴厲地點個頭後，終於放我通行。華棋一直等到這時才跟上我。就和大多數旅人回到熟悉的文化和語言時的感覺一樣，我鬆了一口氣。當晚，我到華棋家過了一夜。

隔天早上醒來我看到的第一樣東西，是大衛．卡拉定的臉——華棋為了慶祝我們共同的愛好，把海報掛出來了。喝過茶、用過早點後，我跟隨她到公園去稍微練習了一下推手，她似乎很滿意我的進步。我們互相鞠躬道別，在揹起背包前往機場之前，我最後一次凝視她的眼睛。

幾個小時後，透過飛機的窗戶，我俯瞰香港的海岸線，以及港口對面寬闊無垠的中國土地。這時我才突然驚覺，我從來沒拿日記給華棋看過。她也從來不曾要求過。**相較於這期間發生的一切，那些書寫在紙上的文字重要嗎？**我心想，**那些文字會有任何影響**

力嗎?等未來有一天我將它們分享出去,才會知道答案吧。

現在等在我面前的,是日本。蘇格拉底曾告訴我,要跟著我的鼻子走,相信自己的直覺。接下來,我正打算如此做。

第 三 部

石頭，樹根，流水

每晨習死，則無所畏之。

山本常朝（Yamamoto Tsunetomo）

《葉隱：武士之書》（*Hagakure: Book of the Samurai*）

30

抵達大阪後，我隨即啓程搭兩小時火車前往京都。身爲古日本首都的京都，擁有眾多寺廟、花園、茶館和城堡，處處迴盪著神道教和佛教的傳統，其中的城宮，正是當年武士捍衛及服侍天皇的所在。

剛剛在通過海關時，我聽見有人說：「京都有一千座寺廟，和一萬間酒吧。」我心想，**以一個古老傳統的城市來說**，**的確是挺多的**。

我從火車站打電話到市中心的一間小旅館預定房間，記下名稱和地址後，攔下一輛計程車。車子很新，不是普通的乾淨。司機的白手套象徵他對自己工作的自豪，也讓乘客有美好的第一印象。我用所知的一點點日文，向司機報上旅館的資訊：「請到旅館。」

「好——謝謝。」司機答道。我謙卑地嘗試說他們的語言，顯然讓他十分開心。車子飛快地衝了出去。我注意到他年紀很輕，也有著一般年輕駕駛的通病，總愛把車開在限速邊緣。我幾乎想請他開慢一點，但我不知道該怎麼說。事後想想，我眞應該試一下的。

車子進入市中心，我掃視著面前的街景。在接近一個十字路口時，我看見一個摩托車騎士載著一個乘客從旁邊的小路竄出來，司機的眼睛正看著另一個方向，「小心！」我大叫，但不到兩秒後，計程車右邊的保險桿已經全速撞向那輛摩托車。撞擊的聲音很恐怖，畫面更是慘不忍睹。摩托車瘋狂地打轉，車上兩個人都被拋到半空中，計程車發出尖銳聲急煞停住。計程車司機和我想都沒想就跳下車，衝向那兩個倒在地上的騎士。我的腿發軟，不只因爲剛剛發生的事，九年前摩托車車禍的回憶也在我腦海中閃過。我感覺噁心想吐。

之後發生的事，就像快速播放一樣。我們走近時，流著血的年輕女人一邊哭，一邊因爲骨折和其他傷勢引起的疼痛而來回搖晃著身體。她還戴著安全帽，一位路人小心地幫她摘下。那頂安全帽應該原本是屬於騎車的騎士的，因爲他頭上什麼都沒戴。他動也不動地躺著，身體扭曲成一團。只需看一眼血淋淋、破裂的頭顱就知道，他可能已經死了。

附近商家的店員跑回店裡打電話求助，沒多久後就聽到警笛的聲音。我在現場待了一會，告訴警察當時我們前方的號誌是綠燈，而摩托車從旁邊的小路直接往車子的方向衝出來。臉色發白的年輕司機一次又一次地向我鞠躬道歉。我留下旅館名稱給警官，以防他還有需要進一步詢問，之後就招了另一輛計程車離開。我幾乎不記得自己是怎麼到達旅館的。

還微微發抖的我，登記入住後，進到房間裡，將日式的傳統被舖攤開在榻榻米地板上，躺下。這是一星期中我第二次目睹死亡。

這起致命的車禍像是一個不祥的徵兆，彷彿死神就近在我身邊，低聲說著我無法理解的話。我躺在那裡，思緒飛轉。我試著想訂出一個計畫，但隨即想到，**既然計畫會生變又何必訂呢？那個年輕司機，還有摩托車上那對情侶訂過什麼計畫？我爲什麼要來這裡？是我誤讀了那尊武士小雕像的訊息嗎？**

半夜裡，在柏克萊念大學時期糾纏著我的黑斗篷幽靈又回來了，對著我伸出瘦骨嶙峋的手指。我知道，祂隨時可能帶走我。在任何時間，任何地點。

第二天早上醒來時，我精神狀態已經好一些，但仍舊抑鬱不樂——昨天那起意外迴盪的聲響和景象仍未離去。我決定不再糾結於自己是否應該來日本，接受現實：我人已經在這裡，那就去拜訪一些武術學校，爲提交給大學資助委員會的報告做些筆記。然後我就回家。

和略通英語的行李員確認過方向後，我用了一些日式早餐：味噌湯、米飯、醬菜和煎餃。然後便出發，探索這座城市加上處理公事。

我年輕時以及在史丹福大學擔任教練時，曾學過空手道和合氣道，足以知道該提出什麼問題。最近的太極拳訓練則增強了我眼睛的敏銳，更加能感知外在技巧下的能量流動。

首先我拜訪一所知名的空手道學校。在觀摩過一堂課後，幸好有位學生幫忙翻譯，讓我有機會和總教練聊聊。這位年長的老師完全符合空手道老手的形象，一頭灰髮，顴骨線條明顯，指關節扁平變形。他穿著耐磨的棉質制服——最傳統的空手道服——繫著一條已磨損褪色的黑帶。**腰帶越舊，經驗越豐富**，我這樣提醒自己。

我剛在課堂上觀察過這位總教練的示範以及他與另外一位黑帶的對打，他看上去令人畏懼，但說話的聲音卻非常柔和。在學生的翻譯下，這位老師開始敘述空手道的歷史，但我的注意力逐漸渙散，感覺他的聲音忽遠忽近。我的朋友陳漢在中國死去，以及昨天摩托車的車禍，仍然讓我震撼煩擾。是不是每一次的死亡都會讓我們聯想到自己的死呢？

同時，那老師提起了印度王子菩提達摩從印度前往中國宣揚佛法和武術的旅程，其中尤其是少林寺的僧侶得益甚深。他發明了在靜坐數小時後演練武術動作以提升活力的一套方法，並可做爲應付惡霸或盜匪的防身術，這套方法演變爲後來知名的少林拳。根據傳說，他這套方法結合了空手道、亞洲武術和佛教的靜坐冥想。

在達成觀察和記錄筆記的目的後，我便鞠躬離開了。

當天下午，我拜訪合氣道總會的一所附屬學校。我在入口和小辦公室內都沒看到人影，因此脫了鞋後安靜地走進榻榻米地板的練習道場。道場裡氣氛肅穆，好幾排跪坐的學生，正面對著一個傳統祭壇和合氣道創始人植芝盛平的照片。房間最前方，跪坐著四位資深的指導老師，採取的是傳統的正坐姿勢，四個人全都穿著白色棉質上衣，下半身是資深指導員專屬的、像裙子一樣的黑袴。學生們一片肅靜，聽著其中一位指導員宣讀一張仿羊皮紙上的訊息，然後他將仿羊皮紙小心翼翼地折起。我發現有幾個學生低聲哭泣起來。**是令人悲傷的消息吧**。**也許有人過世了**，我心想。**又是一樁死亡**。

我的心思回到台山森林裡在湖畔埋葬陳漢的畫面。我坐在道場後方的一張矮凳上，聽著另一種我不了解的語言。**別再自憐了**，我腦海裡浮現一個聲音。**你不會說日文，丹，但你懂得武術的語言。**

一點也沒錯，而且指導員接下來對學生說的話我真的聽懂了：「Renshu shite kudasai—onegaishimasu!」他的語氣溫暖但堅定。**請繼續練習——堅持下去！**我在心中翻譯給自己聽。

學生們迅速起身，擦乾眼淚，兩兩成隊，盡最大努力「我慢」——也就是堅忍克制的意思，這是我之前練合氣道時學會的一組日文詞彙。他們輪流在對方周圍打轉，保持警戒與放鬆，然後不時貼近隨機攻擊，讓夥伴藉此練習各種流暢的環狀防守技巧，大部分是利用鎖腕和拋摔，將攻擊的動能自然地轉爲克制的防守，如此便能化解攻擊，又不會對攻擊者造成嚴重的傷害。

其中一位指導員走到我身邊，好像用英文對我說了些什麼，因此我轉頭對他說：「請問，剛剛發生什麼事？」

他一開始沒說話——或許是在尋找適合的字句，或猶豫是否該和一個外國訪客分享這個消息。然後他用零碎的英語慢慢對我解釋，他們敬愛的總指導員——一位七段黑帶高手，同時也是這個道場的創辦人——最近自殺了。

我脊椎一陣發涼。霎時間，我面前這位老師似乎化身成那個黑色斗篷幽靈。**無論我到哪裡，死亡總是偷偷跟蹤我。難道我就是那個永遠逃往薩邁拉的僕人嗎？**我腦中浮現蘇格拉底說過的那句話：「面對死亡，沒有勝利，只有對於『我們是誰』的眞實體悟。」**這究竟是什麼意思？**我在心裡對自己狂吼。

那老師正要離開，看到我臉上的表情，於是補充說：「他並沒有以武士的方式切腹自殺。這並不羞恥。充滿力量和智慧的中山老師陷入很深的悲傷。是憂鬱症。我看過他在前往青木原之前寫給學生的訊息，鼓勵他們要認眞練習。」

「青木原——是什麼？」但他似乎沒聽到我的問題，只是鞠躬離開。我回到座位上繼續觀察。這些學生即使在悲傷中，仍然持續優雅舞蹈般的防守和攻擊，一遍遍地打破然後重建和諧的狀態。

這發生的一切——包括得知某位合氣道大師自殺的消息——讓我陷入茫然。當我推開門，踏進眩目的陽光和春天濕潤的空氣中，心中浮現這幾個字：**能量場**。我在街上晃盪，看不到四周的景色，腦裡也空蕩蕩的。傍晚時分，我回到旅館的房間裡，取出日記，先看過蘇格拉底的筆記，再讀我自己寫的東西。等我終於放下這兩本日記，時間已經很晚，我不得不面對一個事實：他的訊息的中心思想還沒有滲透到我心裡。我的字句全都是源自於**他的**領悟，**他的**理解。我好不容易瞥見他所說的大門，但還沒有踏進去。就在睡著前，我心裡出現了一個奇怪的念頭：**或許我已經死了，現在其實是來生。**

在夢中，那陰森的幽靈跟蹤我走在黑暗的街道上，我驚醒過來，坐起身猛喘氣。我眼睛飛快地環顧黑暗的房間，感覺好像吸不到足夠的空氣。我跌跌撞撞地站起來，到洗手臺在臉上和胸口潑了些冷水，然後迅速穿好衣服。我飛也似地逃出棺材似的旅館小房間，絕望地想擺脫我已不在人世的那種感覺。

無論我望向何處，只感受到人類生命的脆弱。我絲毫無法抵抗或拒絕。只要永恆一彈指，我立刻也會像那盛開的花朵一樣，灑落成櫻花樹下白色和粉紅色的地毯。經過我身邊的那些路人，也都會一死。即使是現在，他們看起來也像透明的遊魂。沒有人注意到我，注意到無數日本人中的一個外國人，這更加深了我對於不被看見、不存在的恐懼。

31

我進到一座公園裡。在黎明前一切如此安靜，但我心裡卻正進行著一場愛與恐懼、自我感與不存在之間的惡鬥。第一道曙光乍現時，爲了試著重建我和這凡世的連結，我做了幾個伏地挺身，然後在長凳上倒立。又做了一些伸展動作之後，我開始打起熟悉的太極拳——那已經成爲我的一部分了。最後，我的注意力終於又安頓回身體上。**我不會像個受害者般地死去**，我對自己說，**就算我永遠不會變成像蘇格拉底那樣的戰士，我也會找到自己的路**。

我回旅館房間休息，才一打開房門，就看見他站在我面前——招牌的咧嘴笑容和熟悉的姿勢。蘇格拉底一點都沒變老，至少在我想像中沒變老。當然，那不是眞的他，而是一個幻影，一個迅速消失的提醒。但我眞的聽見他的聲音說：「我來這裡不是要你相信我，而是要幫助你相信你自己。」我轉而尋求桌上的武士小雕像指引方向。

「只要你踏出腳步，」蘇格拉底的信裡有這樣一句話，「路自然出現。」

於是我離開旅館，尋找自己這一天、這一生的道路。我回想起有次在森林裡徒步走了一整夜的不安經歷。當時薄薄一彎新月幾乎黯然無光，我唯一的光線來源是一盞小小的頭燈。走到大約清晨四點時我發現自己迷路了，慢慢往回走，十分鐘後才看見小徑的隱約輪廓。我現在就有同樣的感覺，那種路即將在前方出現的感覺。於是我踏出一步，又一步，看它們會將我帶領到何處。

那天我走過附近的公園和小神社，又搭了好幾次當地的電聯車到城市的不同區域。我任憑思緒漫遊，讓腦子自行篩整、合理化所有浮現的念頭。

黃昏時，我下了電車，穿過溫暖潮溼的街頭，朝旅館的方向走，在各式的小店鋪中尋找一間可以吃麵或飯菜的小餐館。我經過一個雜誌攤，滿頭白髮的攤主用雙手拿了好幾份英文報紙讓我挑選。我買了報紙後，發現旁邊就有家小吃店，我進去指著一張有米飯、蔬菜和豆腐的照片，同時努力用幾個對應那些食物的日文單詞，提醒收銀員我要的是素食。然後便坐在一張塑膠椅上，開始看報紙。

頭版下半版的一篇文章吸引了我的注意。文章裡提到富士山北側有一片恐怖的森林，日本人稱之爲青木原樹海——又叫自殺森林。**那不就是那位合氣道大師自殺的地點嗎？**文章進一步地描述「這個惡名昭彰之地，每年都有許多人前往自殺，當地政府還在主要步道上立了一塊告示，呼籲遊客多想想自己的家人，並且與防治自殺團體聯繫。」

餐點送上來後，我將報紙放到一邊。我決定，在前往青木原森林的路上，再將文章看完。

第二天早上，我找到一位會說英語的旅行社票務人員，拿到行程表和詳細的路線。我搭巴士前往富士山的西北側，下車後又走了好幾公里路。那篇文章裡還寫到，遊客在森林裡不但會看到新近死去的遺體，還會在附近發現陳年的枯骨。許多屍體都藏得很隱密，家人若想要找他們摯愛親人的遺體，就算找得到，可能也要花上好幾個月的時間。

好不容易，我終於走進濃蔭籠罩的森林。這裡的空氣有種奇怪的味道，還帶有一種我不知如何形容，只能說是很奇怪的能量。我往更深處走，進入一個讓人聯想到地獄的世界，據說這裡充斥著躁動不安的幽靈鬼怪，以及與這裡的死者相連結的怨靈。我有一種奇怪的感覺，像是回到了家。

我在濃密的樹林中越走越深，空氣變得濃重，像被毯子蓋住般安靜。顯然，因爲有氫氣的關係，鳥和其他動物都避開這塊區域，只留下一片古怪、無風的死寂。我本以爲台山森林已經夠奇怪了，但這個地方似乎更陰暗，甚至像是不屬於現實世界。

我沿著一條有指標的小路走，尋找冰岩穴或風洞。我記得在森林入口處曾看到一個多國語言的告示，警告遊客不要在沒有繩索或繫帶的情況下離開步道——「如果沒有在回程的路上做記號，你很可能迷路！」——我想起了水底洞穴潛水員的故事，和自己在山泉頂峰差點沒命的脫逃經驗。**何必玩命呢**？我心想，**我已經夠幸運，不該再得寸進尺了**。但我已經在進山前買了一捆繩索。

在森林裡的一個小時裡，我看到一些四散的骨頭。是人類的嗎？很難判斷。因爲陽光無法穿透濃密的樹蔭，所以林子裡沒有明顯的陰影。一開始我以爲有人在跟蹤我，後來才發現是我自己的腳步聲在死寂的空氣中迴盪。即使時間已經來到下午，熱氣和潮溼還是讓人難以忍受。我冒險離開小徑好幾次，然後又沿著繩索回到原點，再朝不同的方向前進。

曾經有遊客通報發現腐爛的屍體——腫脹的屍體在與大自然有機質融合的過程中，已經變得綠綠黃黃的，覆滿蕈類和其他生物。這種身體回歸大地的概念，還滿令人感到安慰的，我不由得再次想起我的朋友陳漢。

正當我最後一次攀著繩索回到步道時，爲了避開一具屍體，我往前衝了一步。那屍體看起來應該是剛剛開始腐爛，還隱約可辨是個女人。屍體散發出強烈的氣味，一種令人作嘔的甜味。爲了表示尊重，我一開始先別開了頭，但有個東西引起我的注意。我看見那女人的手臂底下，露出一小角被塑膠袋包著的信封。

撢掉塑膠袋上的青苔，隱約可以看出信封上有著毛筆的字跡。我最近看了許多路標，因此認出裡面有「京都」兩個漢字。是地址嗎？我將信封塞進口袋後開始往回走，準備在黃昏前抵達巴士站，邊走心裡邊想，我永遠沒辦法再到陳漢的墓前了，但或許我能爲這個女人做些什麼。

晚上回到旅館後，我到服務櫃台指著信封詢問上面寫了什麼。櫃台的服務人員幫我翻譯：「請寄到京都府京都市中崎區三善寺，神崎禪師。」

這我辦得到。我可以完成這無名女子的最後心願。

32

又一趟巴士車程，再爬上一道長長的陡峭坡道後，我細細觀察三善寺周圍充滿藝術氣息的景觀，和遠方青翠山嶺所構成的背景。這裡比其他寺院來得小，也看不到常見的觀光巴士，散發出一種簡單、優雅、孤絕的氣氛——也就是禪師們口中的侘寂。我走近一位服務人員，將信拿給他看：「神崎禪師？」但信仍緊緊握在手裡。還沒到放開手的時候。那服務人員對花園的方向比了一下，**啊，還要再等一會**。

服務人員離開後，我到花園裡一探究竟。轉頭匆匆一瞥，我發現這寺廟的樣子很像一棟別墅。或許以前曾是住宅吧。深紫色的日本槭樹和青苔、松樹的翠綠，形成強烈的對比；修剪成各式形狀的樹木更散發出寧靜和平衡的美感。

我跪在一個小池塘邊，看金魚在清澈的水裡優游。像這樣的時刻，生命感覺像是——美寶是怎麼說的——「一場很棒的夢」。這一切會不會只是我的想像？從某種跳脫的觀點來看，我的生命彷彿是一幕接著一幕展開的幻覺體驗，像是一場場夢境，中間偶爾穿插著惡夢，而我清醒時的生命則是精采的幕與幕之間的暫停時間。

我感覺有人輕碰我的肩膀，轉頭發現是一位穿著僧袍的老者，正面帶微笑低頭看著我。我站起身向他鞠個躬。他用口音很重的英語說：「我是神崎禪師。聽說你有一封信要給我？」

我自我介紹後，按照日本習慣，用雙手奉上那封信，並且彎下身。他用同樣的姿勢接過信，然後打開。透過信紙，我可以看得出來信的內容很短，應該只需要幾秒鐘就能看完。但神崎禪師盯著那些字句超過一分鐘以上。

等他再抬頭看我時，我發現他的眼眶是濕的。「願意和我喝杯茶嗎？」

「萬分榮幸。」

幾分鐘後，我們跪坐在一張矮几的兩側，一位穿著和服的女子端上了抹茶——一種味道強烈的綠茶——的道具和材料。她將滾燙的熱水澆在綠色的粉末上，用一根茶筅快速攪拌。我盡可能模仿禪師的動作，在喝之前先旋轉欣賞茶杯，這是禪道中一種用來表現正念的特有儀式，源自於長時間的打坐冥想。

喝完茶後，禪師問我怎麼拿到那封信的，又是什麼原因促使我將信送來。我盡可能簡單地解釋。聽我說完後，他再次欠身對我說：「感謝您不辭麻煩。」

「一點都不麻煩。」我說。我很想多知道些細節，但又不想因爲提問而冒犯到他。他察覺到我的疑問，於是開口說：「她的名字是Aka Tohiroshina，曾在這裡兼差當服務人員。我已經盡最大努力勸導她，但似乎還是不夠。」他展開那封信，爲我翻譯信的內容。

敬愛的神崎禪師

很抱歉我自殺了。如同您知道的，我已經痛苦掙扎很久。這封信我不會寄出，以免萬一我改變心意。我不期待這信能到達您手裡。如果不知何故您真的收到了，請別去幫我收屍。我不希望造成更多的麻煩。如果可以，請幫忙向我母親轉達我的歉意，她已經盡力了。感謝您的引導和關心，您讓我的生命曾經有一度比較平靜。

他讀完信，我們安靜了好一會。看來這個年輕女子和我之前得知的合氣道大師一樣，都是被憂鬱症的惡魔所壓垮的。我想起我在舊金山灣區的一位朋友，也深受憂鬱症的困擾，曾在衝動之下從金門大橋往下跳，結果罕見地生還。這次跳橋自殺，不但讓他摔斷骨盆和雙腿，還導致其他內傷。過幾年他完全康復後，透露自己在自殺那一刻的情況，他在漫長的幾秒鐘墜落過程中，身處於一種失重、麻木、失去方向的懸浮狀態，突然改變了心意：他想活下去。**有多少其他人在墜落的過程中也改變了心意呢？**

神崎禪師邀請我陪他到花園走走。

他問我爲什麼來日本，我向他解釋了自己對禪道和武術的興趣：「我閱讀過很多資料，了解到禪道的重點在於坐禪和公案禪，可以達到直接的開悟。我也曾經試過稍微修煉。」他等待我繼續往下說，因此我微笑著又補充了一句：「我知道得太多，瞭解得太少。」

這位禪師似乎願意接納、聆聽，於是我開始與他分享起自己內心深處的想法和憂慮「我做過許多內省，」我說，「然而我的生命感覺就像一樁未解的公案。我很幸運曾與一位大師學習，我以古希臘智者之名稱呼他，蘇格拉底。但我還是一樣浮躁不安……」我又開始喋喋不休起來。我停頓一下，較謹慎地繼續說：「我希望能增加洞察力，好補足我粗淺的理解。」

我們走在花園裡，紅綠參差的楓樹低垂在池塘旁，姿態優雅，踏腳石周圍鋪滿了新耙過的碎石。附近有幾名穿著連趾鞋的園丁，正在打掃小徑和修剪樹葉，禪師開口說：「日本的園丁不創造美，只是尊敬它，栽種它。木雕師父會切掉所有不需要的部分，留下最後的造型，同樣的，景觀藝術家也是移除所有不必要的東西——不管是樹上的，或自己心裡的。」

神崎禪師再次對覆蓋著青苔的石頭、樹根和池水比劃了一下。他指著一棵樹說：「對日本人來說，梅樹象徵勇敢的心，它們是入冬後第一批開花的樹。」說完又指著右邊一小叢綠色的林子要我看。「挺直的竹子，代表了正直。」接著我們走過一片細心耙梳過的區域——一整片的細沙上零星分布著一些小石塊，石塊上放著修整過的松樹小盆景。「我們從松樹身上也獲得許多啓發，它們在所有季節都堅定地生長，不會改變形狀和顏色，提醒我們力量和堅忍。」

我告訴他：「我注意到入口附近有棵松樹，樹枝上裝飾著許多白色小紙片，像小巧的果實一樣掛在那，紙上面還寫著字。」

「許願，」他說，「神道教的傳統。」

「但這裡不是佛教寺院嗎？」

他微笑著聳聳肩。「神道教已與土地及日本生活的根交織在一起了。神道教義有一條說到，惡鬼會聚在塵土堆積的地方。這就是為什麼，對許多日本人來說，乾淨與虔誠是息息相關的。神道教有上萬種神祇，換句話說，神靈是無所不在的。但學習禪道的人會避免這種抽象的概念，而是強調每一刻的即時性。」

「神道教和禪道似乎都和日本文化密不可分，像我這樣的外國人很難分辨。」

「它們的確有點混雜在一起，」他說著將兩手的手指交纏在一起。「但兩者是截然不同的。神道——也就是神之道，是日本土生土長的宗教，有很古老的歷史淵源。這種宗教憑藉的是對大自然的神性的信仰，利用淨化儀式來彌補惡行，並尋找性靈的平衡。大部分日本人都以各自的方式來信仰或尊崇神道。禪道是比較近期才傳到日本的，是由中國佛教發展而來，根據的是佛陀的四諦和八正道，目的是要頓悟，要超脫生與死、重生與痛苦的循環。佛教著重的是佛經的研讀和儀式，而禪，如同你所瞭解的，則另有一套直接達成頓悟的方法，除了坐禪之外，還有公案禪的修煉，與經驗豐富的禪師一同參悟公案來增加洞察力，如此便可能達成逐漸開悟或突然的頓悟。神道教是傳統、共同的信仰，而禪道的重心則放在單純的個人身上，取決於修煉者自身的努力和修煉。

「以武田信玄的話來說，就是：『參禪無祕訣，唯思生死切。』」

在經歷過最近發生的一切後，這句話直接命中了我所追尋的重點。

或許是看到了我的表情，神崎禪師露出微笑，和藹地說：「丹教授，今天帶領你認識花園和日本生活，快用完我這星期說話的配額了。或許，由你自己打坐和參公案禪，才更能幫助你直接領略這些超越才智之外的概念。」

我點點頭，突然想到是那年輕女子的信將我領到這裡的。「我最近的遭遇，讓我更專注思考死亡的問題。就是這樣像參判公案似的執念，帶領我去到青木原，到你的學生身邊。」

「沒多久後，」他說，「我會辦一場追思的儀式，讓熟識她的親友參加。她再次地提醒了我們何謂無常，所有人的一生不過有如一場夢。」他的話完全切中我目前的狀態，讓我忍不住一陣冷顫。**我要何時才會醒來呢？**我心想。

這時候，神崎禪師突然轉頭面對我，凝視著我的眼睛，問道：「究竟是什麼將你帶來日本的？」他的直接讓我嚇了一跳。

我努力搜尋著適合的字句，但說不出話來。於是我脫下背包，從裡面拿出那尊武士小雕像，彎身用雙手遞給他。他用同樣的姿勢接下後，立即對著那尊雕像說：「原來如此！」聲音裡帶著一點類似驚訝的強烈情緒。

「有時候就是會發生這種事。」他先自言自語，然後抬頭對我說：「看來你來這裡還達成了另外一個目的。」

「什麼目的？」我好奇地問。

他再次露出笑容，不過這一次看起來像是個期待驚喜揭曉的孩子。他將武士雕像遞還給我，說道：「我無法用言語回答你這個問題。還有另一座寺院，位在很偏遠的地點，很少人知道，也沒有名字。如果你同意，我親自帶你過去，立即動身。」

33

短短一段路程後，車子在一條死路的盡頭放我們下來。我看到前方遠處有一些民宅，但路就斷在這裡，再往前就是一片濃密的竹林。我跟著禪師的腳步，小心地穿進竹林。

等走進林中，出現了一條窄窄的泥土路，先往左，再往右，然後接上一條較寬的碎石路。一個大轉彎，神崎禪師的僧袍一翻，瞬間不見蹤影。幾分鐘後，我發現他站在一塊空地上等我。空地另一側又是一片叢密如牆的竹林，竹林旁有棟房子，看起來像是傳統的房舍，厚厚的茅草屋頂——禪師說是用稻草和雪松樹皮舖成的——角度十分陡峭。

竹圍籬上有個入口，是用木釘和編織的蘆葦搭成的一道矮門，門可以前後擺動，強迫想進去的人必須先彎下膝蓋躬身，才能將門頂高，是一種象徵謙遜的動作，類似習武的人在進入或離開道場前，都必須鞠躬行禮。神崎禪師姿態優雅地進到門裡，然後用一根小棍子把門撐開。我也彎低著腰跟在他後面進去。他將小棍子移開，門在我們身後前後擺動地關了起來。我們走近那棟房子，我發現房子的地板略微高於地面，應該是一種因應雨季的防護措施。

我們在窄小的外廊上脫掉鞋，才走進屋裡。房間中央是個兼具煮飯和取暖功能的小火坑，火坑上跨放著一張矮桌。地上鋪滿看來略顯古舊卻維持得十分乾淨的榻榻米。房裡只有一扇窗戶，透進了柔和的光線。隔間的牆壁是宣紙糊的拉門。

我們迅速地穿過這個房間。神崎禪師將一扇宣紙拉門往旁邊推開，通往外面一條有屋簷的廊道，可以看見對面有另一座樸素的花園，比三善寺的花園小一些。沿著廊道有幾扇關著的拉門，這些門通往其他房間，在這些房間裡都只需推開拉門就能直接眺望花園。禪師把腳套進一雙涼鞋裡，催促我也照做。他又露出了剛才那種孩童般的熱情，領著我走到花園遠端的一個角落，然後沿著一條不規則石塊鋪成的彎曲小路，走到一塊齊腰高的大圓石前面，圓石的頂端是平的。

圓石頂上擺著兩尊稍微偏著身體、彼此背對的武士雕像，不論年代或外觀都和我那尊幾乎一模一樣。兩個武士各自以不同的姿勢站立，禪師向我解釋說：第一尊是經典的水姿，將劍持在身體前方，手和劍柄抵在腰間，劍尖向上，指著看不見的對手的喉嚨。第二尊武士則是以火姿站立，雙手過額，將劍高舉，劍尖指著後上方，準備瞬間往下劃出。兩者都是經典的戰鬥姿勢。

禪師指著一個微微褪色的橢圓形凹陷處，看來應該本來放著第三尊武士。他轉頭看我，等待著。我拿出自己那尊武士雕像，放在那個位置上，左右轉動調整角度。直到我將它轉到背對著另外兩尊的角度時，它才完美地嵌進圓石表面的凹洞裡。現在三個武士站成了一個三角形，各自背對著保持警戒，守護著另外兩人的背後。我曾經研究過我那尊武士雕像很多次了，從來搞不懂它的姿勢所代表的含意。和其他兩位劍士不同，它的劍還收在劍鞘裡，手靠在腰上——還不是戰鬥姿勢，只是準備拔劍——它是一個寧靜戰士。

一時間，我感覺自己幾乎無法呼吸。**怎麼可能**？我心裡納悶著。回憶開始在我的腦海裡倒帶：幾個月前我在一個水底洞穴裡發現這尊小雕像；我帶著它穿越沙漠；讓它指引我到香港，然後是台山森林，最後到達這裡。這尊小武士找到了回家的路。我沒有答案，但這一切似乎很理所當然。

這個三尊一組的組合現在終於完整了——所以看來我的旅程也該結束了。曾經以神祕的謎爲開端的旅程，在此畫下句點。凝視著眼前這個神祕的團聚畫面好一會後，我向三尊武士深深一鞠躬，我釋懷了，這個突如其來揭露的眞相，就像穿雲乍現的陽光或陣雨一樣過去了。我想蘇格拉底會很高興的。

禪師和我要離開時，日記裡的一句話浮上我的心頭：「**回憶，就是所謂的過去，而想像，是所謂的未來……**」

我們走到步道底，脫掉花園用的涼鞋，神崎禪師走在前面，推開正對著花園的一扇紙拉門。「在你離開前要不要打坐一下，或許能從中受益？」

「我很樂意。」我說。

「一開始你先坐半小時，這時會聽到一聲鑼響。然後你可以接著試試行禪，直到雙腿恢復柔軟，可以繼續再打坐爲止。每次坐禪的時間都要延長，一直持續到過夜。」反正現在我也沒其他地方可去了，我心想，對這個機會滿懷感激。

在他離開前，我問道：「關於該如何正確地冥想，您有其他任何建議嗎？」

「只有兩件事，」他回答說，「你必須要有良好的姿勢。然後你必須死去。」說完便轉身安靜地走出房間，拉上身後的紙門。

我本來還想保持心中空無一物，但他離開前說的話造成完全相反的效果。**我要怎麼死去？**我腦子裡的念頭一個接著一個，**這樣算是他說的良好姿勢嗎？他會不會還沒有離開……**我有股衝動想睜開眼睛，想抬頭看，想放棄。但我忍住了。

我觀想有僧侶坐在不遠的某個地方，完全靜止不動，肩膀以上除了天空以外空無一物，體驗著神崎禪師所謂的「無心」狀態。同時間，我的腦子裡像是一座貨眞價實的迪士尼樂園。我盡一切努力不要亂動，即使我的鼻子癢了起來。即使當我想打噴嚏了。不行！我心想，**你不可以打噴嚏！不能打噴嚏，不能打噴嚏，不能打噴嚏**，我不斷重複，想打噴嚏的欲望反而不斷升高。我因爲努力忍耐而滿身大汗。姿勢……死亡——這到底**是什麼意思？我眞是一團亂！如果蘇格拉底能看透我的心境——他當初爲何要收我這個徒弟？**

吸氣，吐氣，收與放。吸氣，吸入靈魂。呼氣，讓它走。一次又一次，我將注意力拉回呼吸上，只有呼吸……

靠著這個方法，我才坐了比較久一些。在必需的中場休息時間，我站起身，進行一趨緩慢、有意識的行禪，隨著步伐前進，利用太極拳虛與實的方式，專心將身體重量由一腳轉換到另外一腳。等繞完房間一周後，我半閉著眼睛，再度坐下。

天才剛破曉，鑼聲響了六下。我慢慢睜開半閉的眼睛，目光由榻榻米往上移。我沒辦法清楚解釋接下來究竟發生了什麼，但當我眼睛完全張開時，我眨了下眼睛，又一下，無法理解眼前這個熟悉的身影是怎麼回事。

「**蘇格拉底**？」我說。

他坐在那咧嘴笑著，就像在旅館房間裡那樣。他站起身，抓抓臉，然後推開拉門，讓陽光照進來。

34

我默默看著蘇格拉底以日本方式跪坐下來。他穿著日式黑袴和白色棉質外套，看起來年紀更大了，同時顯得莊重和超脫。但他的眼睛裡還是一樣閃著火花。我們曾經共度的那些時光一下子全湧了回來，把這些年壓縮得像是時間根本不存在一樣。

「嗨，小子，」他說，「你照例又遲到了。有什麼故事想和我分享的嗎？」

我不需要他詢問，就開始滔滔不絕地說起我與他分別後的生活——說起我失敗的婚姻，以及我是多麼想念我的小女兒；說起我和奇婭嬤嬤在雨林裡的生活，以及我是如何找到那尊武士雕像和他的信，以及後來又如何找到他的日記。我描述了多年前曾幫助過他的阿瑪和喬爸，以及後來變成潛狼喬的那個小男孩，還說到我在香港和中國的旅程，聊起華棋、美寶、程大師、陳漢和我的學生們。

我開始告訴他更多關於娜妲——瑪麗亞——委託他保管的那本日記的事。我正準備起身去拿日記的時候，他阻止了我。

「不需要，請繼續。」

於是我描述了到達日本後所發生的事，包括那趟青木原之旅，也是那次旅行引領我來找神崎禪師，引領我來到現在這一刻。

我向他請求指引。「我無法甩脫一種非現實的感覺，蘇格拉底——我好像被困在一場夢裡，站在懸崖邊往下眺望，而那個死亡使者又再次出現糾纏不休了。」

他沒有回答，只是持續盯著我看。最後，他開口說了一句話：「我們或許會再見面，等你準備好的時候。」

「這話我聽太多次了。」我試探地問，「準備好什麼？」

「準備好死。準備好生。準備好迎接可能來的一切。」

「我們現在碰面了，蘇格拉底，難道現在不是最好的時候嗎？」

在接下來的靜默中，我有種錯覺，好像我們從來沒有分離過，從某種觀點來說這的確也是事實。但他還是有一點改變。又或許，改變的是我。

我抬頭看，蘇格拉底的身體開始閃爍，然後變成了那個穿著黑斗篷的死神。驚嚇中，我閉上雙眼，想擋住眼前這個景象。等我再次睜眼，面前平靜端坐的是神崎禪師，身上穿的衣服和剛才蘇格拉底一模一樣。我震驚得結結巴巴起來：「你——你坐在這裡多久了？我們有說話嗎？」

「你說話了，我坐著。」

「但是他告訴我一些事情——他剛在這裡……」

禪師站起身來。「請，丹先生，繼續你的修煉吧。」

我費力地爬起身來，搖搖晃晃地走到走廊上，讓自己紓緩一下。我發現房間門口放著一罐冷水，急忙喝了，感覺自己甚至比前一晚更加焦躁。

我回到房間繼續坐禪，努力想找到一個放鬆、直挺的姿勢。「不要太前傾靠向未來，也不要太往後靠著過去。」就像蘇格拉底曾告訴過我的。蘇格拉底。明明就在剛才，我很確定他就在這裡。**眞希望剛剛有機會告訴他關於寫作的事。就算他的出現只是某種幻覺也沒關係。**

說到**幻覺**——我心想，**就像自我，也像死亡**——讓我回想到神崎禪師說過的話。為何我必須死亡才能正確地冥想呢？

一片寂靜中，答案浮現了：活著的時候，我和這個世界的事物保持聯繫，汲汲於不斷往前的步道上已成過往的計畫、問題和想法。對於死者來說，所有的連結不復存在。沒有什麼再需要去做，去完成，去瞭解的。

這讓我想起在瑜伽的體位法練習完成前要做的「死屍式」。**那本來就不只是一種放鬆運動而已。但放下所有和活著有關的一切是什麼意思？爲了要死，我必須放棄什麼？**這類的問題就像種籽一樣，一旦深深植入，便開始生長結果。沒多久後，我陷入一種自發的冥想狀態。和平時的坐禪不一樣，這一次我感覺過程充滿各種啓示。而且來勢如洪水般洶湧，等我後來將它全寫下時才眞正成形。

一開始先是呼出黑暗，吸入光，直到我的身體充滿閃亮的藍白色光芒……

接下來是一種想要屈服的深層意願，想回歸到我被懷胎之前，想在活的時候死去，想完全放開手，想放棄一切，進入死亡的經驗和過程，然後便開始……

不再有時間。當我放棄所有的回憶和想像時，過去和未來就消失了。留下來的只有現在。

不再有物體。一切擁有物都消失無蹤：玩具、工具、紀念品、衣服。包括一切我擁有的，一切我賺得的、收集來的或買到的。我離開這世界將如同來時，赤裸裸的。

不再有關係。我將告別我認識或曾經認識的所有人類與動物：家人、朋友、同事、熟人、孩提時的寵物……所有那些我愛的和愛我的人都消失了。從這一刻起，我是孤獨的。

不再有動作。我釋放掉移動、說話、做事、影響、完成的能力……不再有義務或責任……沒有任務或事務要完成，我的身體變得像木頭一樣不能移動。

不再有情緒。情感的顏色消褪成灰色的……沒有喜悅或憂傷、恐懼或勇敢、憤怒或平靜、激情、憂鬱或歡欣。心和整個身體一樣化成石頭。

現在所有的感官都一一離開：

不再有滋味。味覺的能力消失了……不再有食物、飲料或愛人的嘴唇，用甜或辣來刺激舌頭或味蕾。

不再有氣味。所有食物和花的香氣和氣味就此結束……愛人身上的、家的、自然世界的香味，都不復存在。

不再有視覺。影像失焦，接著是無處可聚焦……自然景觀的美、日出日落的顏色、這世上所有令人愉悅的形狀、顏色與質地、光與影——全都漸漸沉入黑暗。

不再有聲音。音樂與聲響、婉轉鳥鳴、葉子或絲綢的摩擦沙沙聲、風鈴聲、笑聲、雷鳴、城市的動靜聲響——一切將滑入寂靜之中，就連仍在血管中流動的血液汩汩聲也聽不見了。

不再有知覺。痛苦或愉悅、溫暖或寒冷到此結束……再也感受不到與所愛的人肌膚相親的感覺，因爲神經末梢已漸漸痲木。

沒有時間、物體、關係、動作、情緒，也沒有味覺、嗅覺、視力、聽力或觸覺，只有無盡的黑暗與寂靜。

不再有自我。沒有存在或擁有一副身體的感覺……與內在自我的最後一絲關連已被切斷……發現了矛盾的重點所在，於是放開那些從未眞正存在過的東西。漸漸褪色，變得透明、沒有重量、消失。留下來的只有意識。這世界照舊無差別地運行，沒有我。

35

鑼的聲音讓我回神，回到安靜的房間裡。好一陣子後，我才了解自己在哪裡，我是誰。在放棄了那些構成我生命的所有經驗、關係、感官和回憶之後，我本來以爲自己會有一種苦甜參半的憂傷感。但沒有，我感覺像是重生一樣。因爲當我張開眼睛時，生命的禮物全在霎那間湧現回歸。

我有過去可回憶，有將來可想像！我可以享受所有物和財產，卻不會被它們羈絆。我有深愛的人、朋友、同事和數不清的熟人可同樂。我可以深切地感受到情緒的變化，就像感受天氣和季節一樣。我可以品嚐到食物和飲料的愉悅滋味，聞到香氣，看見光與色彩呈現的世界，聽見各種聲音組成的交響樂，藉由觸覺這美好的天賦，與周遭的人和世界互動。活著就應該是這樣。

我坐在安靜的房間中，回想起蘇格拉底告訴過我的一個故事。有隻巨大的烏龜，牠每一百年才游過七海之深的距離，從海底到海面上來換一口氣。「想像有一個木環，」他說，「漂浮在無垠的海面上。那烏龜游到海面上剛好將頭伸入這木環的機率有多大？」

「兆分之一吧，我猜，趨近於零。」

「你想想，誕生在地球上成爲人類的機率，可是比這還低。」

那麼在沒有確實約定的情況下，我在這裡，在地球上的日本的京都的一座禪寺中，扮演丹．米爾曼這個奇怪角色的機率，又有多高呢？

那天晚上，我和神崎禪師安靜地共進晚餐後，他先行離開，並邀請我在這三尊武士之寺再多待一晚。

當晚入睡前，我將蘇格拉底的日記和我的筆記本收回背包裡，再將回家的旅途中需要的衣服疊好。然後一邊想著我的小女兒，一邊小心地將卡其納娃娃塞進背包裡。

到了早上，吃過簡單的早餐後，我發現一輛車正等著將我載回大阪機場。

噴射機劃過夜晚的天空，閃電照亮了底下的雲層，我再次漂浮在天與地之間，準備回家。

尾聲

在飛機還未降落在俄亥俄機場，我還沒回到女兒身邊，回歸班級、日常生活的常規之前，我聽到了蘇格拉底的聲音，清晰得好像他就坐在我身邊的空位上一樣。聽見他的聲音在我心底響起時，我幾乎能從眼角餘光看見他，感覺到他將手扶在我肩膀上。「你期待在東方發現一所隱藏的學校，丹，所以我就送你過去。但現在你瞭解了，只要你看透事物的表面，隱藏的學校會出現在任何一座森林、公園、城市或小鎮。你只需要醒來，張開眼睛就行了。」

蘇格拉底派我到某處去尋找一座隱藏的學校，好讓我發現它其實無所不在，而且終於瞭解，永生的承諾正等候著我們所有人——永生不在死亡的對立面，而是這裡和現在，在永恆的當下。

給院長和大學資助委員會的報告已經妥善送到他們手上。在接下來的幾個月裡，我將日記裡的一些領悟與一些感興趣的朋友和同事分享，隨時謹記印度智者舍地·賽·巴巴（Sai Baba of Shirdi）所說的：「我給予人們他們想要的，最終他們或許會想要我想給他們的。」

那年十二月學期終了時，我離開學院的職位。妻子、女兒和我搬回北加州。等她們都安頓好之後，我在附近找到一間小公寓，單獨一個人生活。

幾個月過去，冬去春來。然後，在某個夏天傍晚，我打開皮夾拿出蘇格拉底的名片，名片正面上的印刷字跡已稍微褪色——詭論、幽默、改變——現在對我來說已經有了更深刻的新意義。我將名片翻到背面，驚訝地發現上面寫了幾個字，還有一組號碼。我困惑地看著：「愛迪生湖，南側。」我到賽拉國家森林的美熹德東邊徒步旅行時，曾經去過這個區域。

這是蘇格拉底的筆跡，還是我自己寫的？我會不會是在睡夢中，打開皮夾，把這些字寫上去的？這個訊息，與我在日本最後幾天和蘇格拉底虛實難辨的會面有關嗎？

我研究著那組號碼：8-27-76。八月二十七日，這是四天之後。無論如何，我總覺得這將是一趟漫長旅程的終點。或者這將是我的薩邁拉之行？等著我的會是那個黑暗幽靈，還是一個永生的展望呢？我聽見心中響起蘇格拉底的聲音：「意識不在身體裡，丹，是身體在意識中。你就是意識……當你放鬆，不去在意你的身體，你就會快樂、滿足和自由……你已經擁有了永恆不朽。」

那天晚上，在迷宮似的夢境世界中，時間與空間的襯裡上出現一條裂口。從中露出的是和我的未來有關的景象，這是千載難逢的機會：

我的身體開始顫抖，往後跌入了空中。我腳下一、二公里遠的地方，一大片綠色、褐色的拼湊物，我向地平線伸長了手臂。我被風托起來了。再一次，我清楚地意識到自己漂浮在天與地之間。下方出現了一片森林，越來越近，形狀逐漸清晰可辨——底下有穀倉、田地，還有一條溪從一棟白色樓閣旁流過。我渴望再度往上升，遠離有重力和死亡的世界。

但我從空中往下掉，朝著一片白沙與藍色海浪交會的沙灘墜落。我不停旋轉往下，四周的風咆嘯狂吼，然後突然陷入完全的寂靜，我穿過地心再次高飛起來，飛進夜空裡，看著閃耀的星體凝結成一條光之隧道……

那光變成一堆劈哩啪啦的營火，照亮我老師的臉，而他就坐在森林裡的一塊空地上。

他一直在等我。他的眼睛發亮。明亮的火花飄升到夜空中，直到營火變成了星光。

心靈工坊 PsyGarden

Story 018

隱藏的學校

THE HIDDEN SCHOOL

Return of the Peaceful Warrior

作者：丹・米爾曼（Dan Millman ）　譯者：殷麗君

出版者—心靈工坊文化事業股份有限公司
發行人—王浩威　總編輯—王桂花
責任編輯—黃心宜　特約編輯—鄭秀娟
內頁設計排版—董子瑈
通訊地址—106台北市信義路四段53巷8號2樓
郵政劃撥—19546215　戶名—心靈工坊文化事業股份有限公司
電話—02) 2702-9186　傳真—02) 2702-9286
E-mail—service@psygarden.com.tw　網址—www.psygarden.com.tw

製版・印刷—彩峰造藝印像股份有限公司
總經銷—大和書報圖書股份有限公司
電話—02）8990-2588　傳真—02）2990-1658
通訊地址—248新北市五股工業區五工五路二號
初版一刷—2018年1月　ISBN—978-986-357-111-7　定價—380元

國家圖書館出版品預行編目資料

隱藏的學校／丹・米爾曼(Dan Millman)著；殷麗君譯.
-- 初版. -- 臺北市：心靈工坊文化, 2018.1
面；公分.--（ST; 018）
譯自：The hidden school : return of the peaceful warrior
ISBN 978-986-357-111-7（平裝）

1.米爾曼(Millman, Dan)　2.傳記　3.靈修

192.1　　106024103

心靈工坊 PsyGarden 書香家族 讀友卡

感謝您購買心靈工坊的叢書，爲了加強對您的服務，請您詳填本卡，
直接投入郵筒（免貼郵票）或傳眞，我們會珍視您的意見，
並提供您最新的活動訊息，共同以書會友，追求身心靈的創意與成長。

書系編號－ST 018　　書名－隱藏的學校

姓名　　是否已加入書香家族？ □是 □現在加入

電話（公司）　　（住家）　　手機

E-mail　　生日　年　月　日

地址 □□□

服務機構／就讀學校　　職稱

您的性別—□1.女 □2.男 □3.其他

婚姻狀況—□1.未婚 □2.已婚 □3.離婚 □4.不婚 □5.同志 □6.喪偶 □7.分居

請問您如何得知這本書？

□1.書店 □2.報章雜誌 □3.廣播電視 □4.親友推介 □5.心靈工坊書訊
□6.廣告DM □7.心靈工坊網站 □8.其他網路媒體 □9.其他

您購買本書的方式？

□1.書店 □2.劃撥郵購 □3.團體訂購 □4.網路訂購 □5.其他

您對本書的意見？

封面設計	□ 1.須再改進	□ 2.尚可	□ 3.滿意	□ 4.非常滿意
版面編排	□ 1.須再改進	□ 2.尚可	□ 3.滿意	□ 4.非常滿意
內容	□ 1.須再改進	□ 2.尚可	□ 3.滿意	□ 4.非常滿意
文筆／翻譯	□ 1.須再改進	□ 2.尚可	□ 3.滿意	□ 4.非常滿意
價格	□ 1.須再改進	□ 2.尚可	□ 3.滿意	□ 4.非常滿意

您對我們有何建議？

本人同意　　（請簽名）提供(真實姓名／E-mail／地址/電話等資料)，以作為心靈工坊（聯絡／寄貨/加入會員／行銷／會員折扣等）之用，詳細內容請參閱 http://shop.psygarden.com.tw/member_register.asp。

廣　告　回　信
台北郵局登記證
台北廣字第1143號
免　貼　郵　票

心靈工坊 PsyGarden

台北市106 信義路四段53巷8號2樓

讀者服務組　收

免　貼　郵　票

（對折線）

加入心靈工坊書香家族會員
共享知識的盛宴，成長的喜悅

請寄回這張回函卡（免貼郵票），
您就成爲心靈工坊的書香家族會員，您將可以——

⊙隨時收到新書出版和活動訊息

⊙獲得各項回饋和優惠方案